"心"父母　"新"体验

凌　红等　著

苏州大学出版社

图书在版编目(CIP)数据

"心"父母 "新"体验/凌红等著. —苏州:
苏州大学出版社,2020.4
ISBN 978-7-5672-3136-8

Ⅰ.①心… Ⅱ.①凌… Ⅲ.①小学生—家庭教育
Ⅳ.①G782

中国版本图书馆 CIP 数据核字(2020)第 051356 号

"心"父母 "新"体验

凌　红　等著

责任编辑　方　圆

苏州大学出版社出版发行
(地址:苏州市十梓街1号　邮编:215006)
虎彩印艺股份有限公司印装
(地址:东莞市虎门镇陈黄村工业区石鼓岗　邮编:523925)

开本 787 mm×1 092 mm　1/16　印张 9.75　字数 238 千
2020 年 4 月第 1 版　2020 年 4 月第 1 次印刷
ISBN 978-7-5672-3136-8　定价:33.00 元

苏州大学版图书若有印装错误,本社负责调换
苏州大学出版社营销部　电话:0512-67481020
苏州大学出版社网址　http://www.sudapress.com
苏州大学出版社邮箱　sdcbs@suda.edu.cn

《"心"父母 "新"体验》编委会

主　任　凌　红
委　员　刘　洁　刘爱玲　包　洁
　　　　蒯江萍　沈丽娟　肖　虹
　　　　孙志伟　赵苏苏　丁　毅
　　　　卢甬月　管冬群　赵燕燕
　　　　吴旭君　江慧慧　朱　琳

守一份初心，踏歌前行

"提升育儿胜任力，携手助力儿童身心健康。"这是苏州工业园区文萃小学"星期八　心父母"家长学校的愿景和初心，更是文萃小学"幸福365，儿童新生活"这一课程的育人内涵和家校共育的初心。坚守着这一份初心，我们一路踏歌，一路前行。

如切如磋，初心既定。 2011年，苏州工业园区文萃小学开办，我们把"为每一个孩子提供自由、平等、发展的时空"作为育人理念，提出"家校共育"，共促儿童身心健康发展。于是，便有了"文萃家委会"这一共育平台。起初，该平台吸纳了有空余时间的家长，协助学校上下学护导、体育嘉年华运动会等全校师生的体验活动。渐渐地，家长们的参与热情愈加高涨，对育儿胜任力的提升诉求也愈加强烈。于是，一批致力于自我素养、育儿水平提升的家长，并不满足于借助学校"心理咨询室"来解决家庭教育和育儿问题，更渴求能有一个更大的平台，来满足家长们更多的诉求。"星期八"父母学校应运而生。所谓"星期八"，是指即使家长们每周七天都被工作填满，也要每天挤出一点时间来学习家庭教育的相关知识。2016年，在该家长学校启动仪式中，家长们跃跃欲试，纷纷发言，并提出加一个"心"字，意在"用心读懂孩子，关心孩子成长，护航孩子心灵"。至此，"星期八　心父母"学校正式成立。我们建构了家长学校的顶层架构，组建了教师及家长讲师团，成立了家长班委会，选拔了每个年级的家长组长，并明晰了宣传、组织等具体的职责分工。

三大平台，护航初心。 "星期八　心父母"家长学校，在近四年的实践中，形成了一套合理的运行机制：在"计划—行动—观察—反思"中，借助校内外讲师资源，以"专家培训讲师—讲师出师讲课—班委会组织、宣传、推广—家长学校阶段性评价活动—再计划—再行动"的运行模式，促使家长学校逐步由探索走向成熟。实践催生经验，探索促进研究。基于家长学校的运行实践，我校登上了三大平台：一是学校被遴选为"苏州市中小学家庭教育课程项目学校"；二是"基于儿童心理健康成长的小学家长教育课程体系的构建与实施"研究课题被立为江苏省教育科学"十三五"规划重点资助课题；三是"星期八　心父母"家长学校成为"2018年度中小学生品格提升工程项目"之"点亮文心：小学生积极品质培育工程"的共育平台建设板块。三大平台，既有项目建设、工程建设的务实实践，又有课题研究的行动反思;既有经费支撑,又有专家资源保障……共同推进了我校"星期八 心父母"学校往更优品质、更深内涵、更高水平发展。学校也多次获得"苏州市中小学家庭教育课程优秀项目学校"等荣誉,并在邻近区域产生了一定程度的辐射引领作用。

踏歌前行,守望初心。"星期八 心父母"学校成立以来,吸引了越来越多家长的加入。近四年来,家长学校共培养"家长讲师"80余人,开展讲座或家长讲师课近200节次,惠及1 600多个家庭。本书便是家长讲师与学校项目、课题教师研究团队的共同研究成果。书的第一章、第二章为研究理论和课程架构,第三章至第五章为公开课精编教案。其中,教案部分最初为60节家长讲师公开课教案,后经过教师团队精心修改、完善,最终定稿46节精选课。本书由凌红宏观指导与审核、由刘洁统稿及修改。具体分工如下:

前言 (凌红)

第一章 以儿童立场,探究课程背景(凌红)

第二章 以行动研究,推进课程实施(第一节 刘洁;第二节 沈丽娟)

第三章 心启航·预备课程(蒯江萍、丁毅)

第四章 心陪伴·阶梯课程(刘爱玲、肖虹、赵苏苏、丁毅、卢甬月、管冬群、赵燕燕、吴旭君、朱琳)

第五章 心成长·订制课程(包洁、孙志伟、江慧慧)

立德树人,让儿童站在中央,建设课程,进行实践研究,我们携手家长,共同"筑梦";立己达人,以儿童立场,站稳家校共育的天空,我们相信点亮"文心",六年一生,未来可期。

苏州工业园区文萃小学校长、书记 凌 红

2020年4月20日

目 录
Contents

第一章　以儿童立场，探究课程背景 … 1
 第一节　基于儿童心理健康成长的小学家长教育课程文献研究 … 2
 第二节　家长胜任力与儿童心理健康成长关联性的调查研究 … 8

第二章　以行动研究，推进课程实施 … 18
 第一节　基于儿童心理健康成长的小学家长教育课程实践 … 19
 第二节　基于儿童心理健康成长的小学家长教育课程标准 … 27
  1. 前言 … 27
  2. 课程目标 … 28
  3. 课程内容 … 28
  4. 实施建议 … 31

第三章　心启航·预备课程 … 37
 第一节　为人父母的预备课程 … 37
  1. 原生家庭 … 37
  2. 我的童年我的梦 … 40
  3. 我的生涯规划 … 43
  4. 我和我的TA——让爱情保鲜 … 46
  5. 夫妻相处之道 … 49

 第二节　为人父母的角色定位 … 51
  1. 各年龄阶段孩子的心理特点和家庭教育 … 51
  2. 爸爸的角色定位 … 54
  3. 妈妈的角色定位 … 56
  4. 隔代养育利与弊 … 59
  5. 品质比成绩更重要 … 61

第四章　心陪伴·阶梯课程 … 63
 第一节　一年级家长课程 … 63
  1. 让孩子有上小学的心理准备 … 63
  2. 让孩子成为生活小能手 … 66
  3. 让亲子阅读成为习惯 … 68
  4. 游戏中的规则 … 70

  5. 专注力培养有妙招 ……………………………………………… 72
 第二节 二年级家长课程 …………………………………………… 75
  1. 培养孩子的时间观念 ……………………………………………… 75
  2. 做孩子合格的情绪教练 …………………………………………… 77
  3. 让孩子品尝学习的快乐 …………………………………………… 79
  4. 倾听是沟通的开始 ………………………………………………… 81
 第三节 三年级家长课程 …………………………………………… 82
  1. 生活中的挫折教育 ………………………………………………… 82
  2. 让孩子也来当"管家" …………………………………………… 85
  3. 共情，走进孩子内心的钥匙 ……………………………………… 87
  4. 了解孩子的性格优势 ……………………………………………… 90
 第四节 四年级家长课程 …………………………………………… 93
  1. 策划有趣且有意义的家庭活动 …………………………………… 93
  2. 与孩子探讨友谊 …………………………………………………… 94
  3. 如何让孩子保持学习兴趣 ………………………………………… 96
  4. 让孩子自信清晰地表达 …………………………………………… 99
  5. 培养宽容而不怂的孩子 ………………………………………… 101
  6. 如何正确看待考试 ……………………………………………… 102
 第五节 五年级家长课程 ………………………………………… 104
  1. 青春期的生理和心理变化 ……………………………………… 104
  2. 关注孩子的"朋友圈" ………………………………………… 107
  3. 心平气和的青春期 ……………………………………………… 110
  4. 让网络为生活和学习服务 ……………………………………… 113
  5. 一份家庭支出的账单 …………………………………………… 116
 第六节 六年级家长课程 ………………………………………… 119
  1. 让梦想为人生导航 ……………………………………………… 119
  2. 说说"早恋"那点事儿 ………………………………………… 121
  3. 和孩子一起"追星" …………………………………………… 123
  4. 信任在左，关爱在右 …………………………………………… 126
  5. 小升初孩子的心理建设 ………………………………………… 129
第五章 心成长·订制课程 ………………………………………… 133
  1. 读懂孩子的"问题"行为 ……………………………………… 133
  2. 当二宝时代来临 ………………………………………………… 135
  3. 三代同堂，让爱流动 …………………………………………… 138
  4. 要给孩子配备手机吗 …………………………………………… 140
  5. 父母如何与孩子谈论生死 ……………………………………… 142

后记 ……………………………………………………………………… 145

第一章 以儿童立场，探究课程背景

儿童是祖国的未来，其心理和身体的健康与发展，是儿童教育的第一个根本问题。[1]父母是孩子的第一任老师，父母的教育对儿童身心产生重要的影响。著名儿童心理学家和儿童教育专家陈鹤琴先生认为：如果儿童能够接受良好的家庭教育，则家庭教育可以与学校教育相得益彰。如何提升父母在家庭教育中的胜任力，提升父母的育儿素质？如何构建家校桥梁，形成家校教育的合力？我们认为，站在儿童立场，设置家长教育课程，是促进儿童心理健康成长的重要途径。

※ 一、站在儿童立场，要把儿童看作儿童

万事万物均有自身发展的规律，儿童亦有自己的"花期"。我们要把儿童当作儿童，不能以自己的意志左右儿童的意志。在与家长的日常沟通中，我们常常发现，不少家长希望自己的孩子"能够坐得住""文雅地看书学习""能够懂事乖巧"……其实，活泼好动是孩子的天性。父母美好的"向往"，往往成为孩子成长道路中的"束缚"，抹杀了本该属于孩子的"花期"和"权利"，小孩子在某种意义上成了"小大人"。所以，我们要把儿童当作儿童，还给儿童应有的"花期"和应享的"权利"。

※ 二、站在儿童立场，要认识和发现儿童

儿童时期是人身心成长、智能发展的关键时期。小学阶段的儿童具有如下特征：在注意力方面，注意力范围较小且不稳定，容易被一些色彩鲜明、具体生动的对象所吸引，很难较长时间注意同一个事物，不善于分配自己的注意力，逐渐从无意注意向有意注意方向发展；在感知觉方面，从无意识性、情绪性向有意识性、有目的性方向发展，容易在阅读时添字漏字，在做题时读错题目等；在识记方面，逐渐从无意识记、机械识记向有意识记、意义识记方向发展；在思维发展方面，逐渐从具体形象思维向抽象逻辑思维方向发展，具有较大的不自觉性；在个性发展方面，容易激动，意志相对薄弱，自我评价水平较低。只有认识到儿童的发展规律和心理特征，父母才能科学地看待儿童的日常行为表现。

※ 三、站在儿童立场，要提升父母的胜任力

中国著名儿童教育家、心理学家陈鹤琴先生指出，做父母的若想教育好孩子，首先应该

---

［1］ 陈鹤琴.家庭教育[M].上海：华东师范大学出版社，2011：201.

三问:是否懂得养孩子的方法？有什么资格做孩子的父亲或母亲？怎样养教孩子,孩子身心才能充分而正当地发育？[1] 父母在了解儿童心理发展规律的认知基础上,还应不断提升自身的育儿素质,以满足家庭教育的各种需求。这种胜任力包含家长在教育子女过程中应该具备的知识、技能、动机、情意、思维方式和行为模式等。[2] 只有家长具备了教育子女的胜任力,才能真正站在儿童的立场,以积极的生活态度,开展有意义的家庭活动,从而改善亲子关系,提升子女及自身的素养。

儿童立场是构建家长教育课程的基本立场。家长要把儿童当作儿童,尊重儿童的"花期",同时要发现和认知儿童的生长规律及心理特征,并做到尊重及正视。家长还应提升自身的育儿胜任力,不断完善自身的知识技能、思维方式和行为模式。摆正这一基本立场,基于儿童心理健康成长的家长教育方向便是明确的,路径便是清晰的。

第一节 基于儿童心理健康成长的小学家长教育课程文献研究

如果把人一生的成长比作一棵树的生长,那么家庭就是滋养这棵树苗生长的土壤。土壤的肥沃程度一定意义上决定了树苗的健康与否。在对小学生进行教育的过程中,我们越来越发现,家长教育对小学生性格的塑造与心理的健康发展起着重要作用。如果家长忽视儿童心理的健康成长,将对其一生的发展产生不可逆的影响。如同一棵树出了问题,如果只看其枝叶而忽视其根本,则无法找到问题的症结。如果一名儿童出了问题,只看问题本身,而不追根溯源,去寻找儿童心理或家庭内部的原因,则无法帮助儿童健康成长。我们越早重视小学生心理健康发展和小学生家长教育,就能越早帮助儿童和家庭找到正确的轨道,让孩子健康成长、家庭和谐幸福。

※ 一、对儿童心理健康成长的认识

(一)关于心理健康的概念及定义

心理健康的定义最早起源于1946年第三届国际心理卫生大会,其定义为"个人心境在身体、情感、智能上发展成最佳的状态"[3]。心理学家英格里士(English)指出心理健康是个体具有良好的心理态度、情绪和生命活力,并且有能力充分发挥个体的潜能;心理健康对生理健康有重要影响,心理问题会妨碍智力生长和社会适应能力的正常发展,甚至还可能引起或加重个体生理上的疾患。[4] 田代华等人认为,狭义上的心理健康是指个体的基本心理活动内容和过程基本完整、协调一致。[5] 1948年,世界卫生组织在其宪章中对健康的定义如

---

[1] 陈鹤琴.家庭教育[M].上海:华东师范大学出版社,2011:212.
[2] 洪明.什么是家长教育？——家长教育的内涵辨析[J].教育科学研究.2017(9):72-75.
[3] 王冰洁,桑青松.父母教养方式研究及发展趋势[J].淮北煤炭师范学院学报:哲学社会科学版,2009(4):136-140.
[4] 桑青松,王文婷.家长选择和购买儿童玩具的心理因素[J].学前教育研究,2008(12):52-55.
[5] 顾琼,桑青松.单亲家庭儿童常见心理问题及其疏导对策[J].现代教育科学,2008(1):28-29.

下：一种身体的、心理的、社会适应的健全状态，而不只是没有疾病或虚弱现象。

当代学者对心理健康的诠释则更为全面科学。美国心理学家杰哈塔提倡积极的心理健康，他认为积极的心理健康包括六个方面：（1）客观正确的自我认知的态度；（2）自我成长、发展和自我实现的能力；（3）安定的人格；（4）自我调控能力；（5）对现实的正确感知能力；（6）积极改善环境的能力。

1958年，玛丽·贾赫德在《当代积极心理健康观》中提出心理健康包括积极的自我态度、自我发展和自我实现，准确地认识现实，与周围环境相适应。心理健康强调两点，一是心理没有任何问题，二是注重个体产生和增加各种积极品质与活力。这与传统心理健康理论的功能界定不同，认为心理健康不只是简单地摆脱甚至消除心理问题，而是把发掘和培养积极品质作为工作重点。

（二）小学生心理发展的规律和特点

1. 小学生心理发展的规律

小学生的心理发展呈现连续性、阶段性，它在心理发展到某一程度后，产生质变，从而达到一个崭新阶段，是一个持续不断发展的过程。

在正常条件下，小学生的心理发展具有不可逆的方向性和顺序性。例如，认知的发展是从感知动作思维到具体形象思维，再到抽象概括思维。

在心理发展过程中，小学生心理机能在各个方面能够相互关联，其中一个心理机能的发展可能会影响其他心理机能的发展。例如，3岁和13岁前后，儿童分别呈现出两个反抗期。儿童会在这两个时期，在认知上表现出独立主张的倾向，并在情绪上表现出较为剧烈的变化。

生命个体发展会经历具有共性的基本阶段，但在发展速度、实现目标的水平和优势领域方面，往往体现差异性。小学阶段亦是如此。例如，有的儿童听觉灵敏，而有的儿童的专注力则较同龄人更强。

2. 小学生心理发展的特点

小学生心理发展的特点主要表现在以下方面：一是速度快，儿童的思维能力和智力水平在这一时期发展迅速；二是开放性，儿童受到父母、同伴、教师等的影响不同，发展也不同；三是可塑性，相较于逐渐成熟的青少年，小学生的心理发展具有较大的可塑性，这个时期是培养心理健康与行为习惯的好时机。

（三）影响小学生心理健康的因素

影响儿童心理健康的因素主要包含自身因素，如遗传、生理等因素；同时，家庭环境、学校环境、社会环境、同伴关系等外部因素也会影响小学生的心理健康。

家庭环境因素主要包括家庭的日常生活习惯、教养方式、经济和社会地位，以及家庭成员的文化水平、沟通交往方式、亲密程度等。家庭是儿童最主要的活动场所，它与儿童关系最密切，对儿童心理健康成长有着最直接的作用。因此，父母应采用民主型的教养方式；以身作则，创造和谐的家庭氛围；积极了解心理健康知识，提升自身修养；尊重儿童成长规律，调整期望值，营造愉悦的成长环境。

可见，影响小学生心理健康的因素多种多样，各种因素互为交织，综合影响儿童的心理健康。如果家长教育方式不当,势必导致个体心理障碍,而个体的心理障碍可能会影响同辈群体,甚至学校的教育方式,从而影响社会的心理环境。因此,我们必须重视家长教育及学生的心理健康。

(四)小学生心理健康教育的现状

从20世纪末至今,美国掀起了积极心理健康教育的热潮,并持以下观点:要营造一个良好的学校教育环境;在学校心理健康教育中要善于挖掘学生潜在的积极力量;要在心理健康教育中加强学生对活动等的体验,以培养学生健全的人格。

近年来,国内不仅加强了对心理教育的重视程度,而且也加强了对心理健康的理论研究。但是,经济飞速发展,社会生活急剧变化,小学生面对的社会环境越来越复杂多变,家庭教育环境也愈加复杂,不少小学生的父母早出晚归,缺乏充裕的时间与子女沟通,导致小学生在家或是唯我独尊,予取予求,或是自闭孤独,无人问津。不少父母只关心孩子的身体健康,但忽视孩子的心理需求,更谈不上进行科学的家庭教育。因此,儿童心理健康教育亟待优化。

※ 二、对家长教育的认识

(一)对家长教育概念的阐释

广义的家长是指在儿童家庭生活中担当重要角色,并形成重要影响的成年人,包含儿童的父母、祖父母等监护人。狭义的家长仅指儿童的父母。这里均取广义的家长的概念。

家长教育不同于家庭教育。台湾学者王连生在《亲职与幼教》一书中从五个方面进行了区分:在教育重心上,家庭教育采用以子女为中心的立场,父母施教以孩子的生活需要及困难为基础;家长教育采用以父母为中心的立场,父母施教以成人眼光、期望为基础。在教育原理上,家庭教育注重亲情的交融与内心的感动;家长教育注重伦理的启迪与精神的感召。在教育模式上,家庭教育采取训导的方式,注重训诲与管理;家长教育采用辅导的方式,注重鼓励与引导。在教育气氛上,家庭教育偏重权威,易趋于严格管教;家长教育强调民主,但并非放任。在教育方法上,家庭教育利用身教和管教交互作用,企盼子女依父母单一标准的价值观行事;[1]家长教育运用多种角色,透过亲情交流,试图使父母与子女之间,彼此沟通和了解,消除沟通的代沟。

教育的根源在于家庭教育,家庭教育的根源在于家长教育。父母属于生理学范畴,家长属于社会学概念,只有经过系统化学习、社会化浸润的父母才能被称为家长。

在此,我们界定"家长教育"为:通过学校的教育内容和教育方式,有目的、有计划、有系统地对现在或未来的家长进行教育,帮助其提升素质,掌握教养孩子的专业知识和技能,从而营造和谐的家庭气氛,以促进孩子健康、快乐地成长。其中,施教者为学校专职家庭教育教师、家庭教育学者以及经过培训的家长讲师,受教者是现在或未来的成年家长,教育的目的是帮助家长提高教养子女的质量,实现儿童心理的健康成长。

(二)国内对家长教育的认识

我国家长教育的思潮滥觞于春秋战国时期,在《中庸》《尚书》《论语》中可见一斑。近代

---

[1] 王连生.亲职与幼教[M].台北:台湾师大书苑,1992.

鲁迅批判"当父母不须受教育"的愚昧观念,提出要专门为家长开办"父范学堂"。我国目前对家长教育的研究,通常是作为家庭教育问题的一部分而进行的。

1. 国外家长教育经验的研究

美国针对家长教育的介绍和研究较多,美国家长教师协会在提升家长教育水平方面的研究成果显著,如《美国中小学家长教育的开展及启示——基于家校合作的视角》一文,对美国家长教育在学校的开展情况进行了介绍。

一些相关书籍得以翻译并在我国传播,如《正面管教》《怎么听孩子才肯说,如何说孩子才肯听》。此外,美国托马斯·戈登博士的《父母效能训练手册》强调要在父母的沟通训练方面做系统培训。

2. 我国家长教育的方式研究

张成建在其硕士论文《中小学生家长教育问题及对策研究:以山东临沂市为例》一文中,提出应采用多种形式开展家长教育,如家长会、沙龙读书会、亲子活动、家长讲座等,方式还应该多样化。[1] 陈永坤在《对话式家长教育研究》一文中,提出设置家长教育课程,并对家长教育的方式提供了建议,如设置正规课程与非正规课程、工作坊、家长群组、专题工作坊、开展公开讲座、网上公开课、专题电话热线、家长个别谈话等活动。[2]

北京教育科学研究院职业教育与成人教育研究所李俊在《家长教育培训研究:从家庭教育到家长教育》一文中,认为家长教育培训应该走专业化和社会化相结合的方式,将大众传媒、社区培训服务、家庭教育咨询与指导、家长学校等培训形式,深入广泛地应用在家长教育培训中。在全社会层面上实施家长资格证书制度。[3]

国内就家长教育方式的研究,微观上对学校家长教育的不同形式进行了介绍,提出的家长教育方式分阶段、有侧重、层层深入,值得借鉴。宏观上,从家庭、学生、社会三方面进行阐述,为家长教育广泛而深入的应用做出了指导。但如何在学校中科学地、系统地进行家长教育,将学校作为家长教育的培训基地,国内的文献中仍少见此类研究。

(三)我国家长教育的内容研究

家长教育越来越受到社会的关注。但是,家长教育究竟教什么,国内在成体系的内容设计和相关的理论支撑方面还有待深挖。

张贵良在《父母教育——家庭教育的新观念》一文中,认为我国父母教育的内容主要包括四个部分:引导父母树立正确的家庭教育观念,引导父母理解并掌握家庭教育的基本知识与概念,引导父母熟练地掌握家庭教育的正确方法与技巧,引导父母提高自身的教育能力。[4] 李亚杰在其硕士论文《当代家长教育研究》一文中,提出家长教育的具体内容应该包括人才学、人体生理学、心理学、教育学、教育法学和计算机等课程的知识。[5]

结合文献,我们认为,家长教育的内容还必须包括:夫妻相处之道,家庭成员人际关系处理的技巧,与孩子沟通的技巧,营造和谐家庭氛围的方法,甚至是成人的发展规划,等等,涵

---

[1] 张成建.中小学生家长教育问题及对策研究:以山东临沂市为例[D].济南:山东师范大学,2013:37.
[2] 陈永坤.对话式家长教育研究[D].上海:华东师范大学,2014:58—60.
[3] 李俊.家长教育培训研究:从家庭教育到家长教育(下)[J].成人教育,2008(11):10—13.
[4] 张贵良.父母教育——家庭教育的新观念[J].北京成人教育,1998(12):34,38—39.
[5] 李亚杰.当代家长教育研究[D].上海:华东师范大学,2010.

盖成人家庭、婚姻、亲子、职场、社会等领域的许多方面，它是一个复杂而庞大的系统。我们应从更全面、更系统的角度来看待家长教育的内容、方式、途径等，以期为家长教育课程提供内容上的指导。

※ 三、对家长教育课程的认识

（一）家长教育课程的内涵界定

"课程"一词在我国古代便已有之，《古代汉语大辞典》记录《朱子全书·学六》："宽著期限，紧著课程。"这里的"课程"指功课的进程。《简明教育辞典》指出课程是学校为实现培养目标而选择的教育内容及其进程的总和，它包括学校老师所教授的各门学科和有目的、有计划的教育活动。

在此，界定家长教育课程为：学校研究的符合学校的培养目标，适合本校学生各年龄阶段学生身心发展特点和认知规律，符合学生成长需要和家长需求的家长教育实施模式的校本化课程。通过探究家长教育方式，编制系统性、周期性的家长教育课程教材，更新家长教育观念，提高家长教育能力，加强家校合作，最终指向学生的成长。课程的实施者包含专家、教师和有一定文化素养的家长，课程的实施方式包含班级授课、沙龙访谈、讲座、读书会和心理咨询等。

（二）国外家长教育课程的研究

戈登（Gordon&Breivogel,1976）提出过"家长参与理论"：家长是旁观者（传统的参与方式，家长是观众）；家长是决策者（家长作为学校咨询委员会或家长教师协会的成员参与学校决策）；家长是学习者（参加学生发展课程或家长课程的学习）；家长是需支付报酬的教辅人员或教师助手；家长是教师里的志愿者；家长是子女家里的老师。艾普斯坦（Epstein,1988）也提出相关理论，认为：家长的基本义务包括保证子女的健康和安全，为子女入学做准备；学校的基本义务包括就学校教育计划和学生的在校表现与家长进行沟通；家长参与学校教育，家长作为志愿者参与课堂教学、体育和文艺表演活动；家长参与学生在家学习活动，家长与子女共同活动，或解答子女疑问；家长作为政策制定者，参与教育管理和支持。

一些教育研究者认为，教师应该发挥领导作用，学校应该将家长教育纳入学校课程，如杨天平在《欧洲七国关于家长参与学校教育项目的研究综述》[1]一文中，就向我们介绍了欧洲七国将家长教育纳入学校课程的相关实践。这些理论为我国家长教育课程的构建与实施提供了理论支撑。

（三）我国家长教育课程的实践研究

家长教育课程从其性质和本质而言，应属于学校根据其学情、校情自主开发的校本课程。杨俊在《小学家长学校课程体系建构探索》一文中，明确指出小学家长课程应具有先进性和前瞻性——符合教育发展的趋势；实用性和弹性——满足家长的实际需要；开放性——适应社会的发展变化；校本化——满足不同学校、不同儿童的个性发展需要。[2] 并从小学

---

〔1〕杨天平.欧洲七国关于家长参与学校教育项目的研究综述[J].内蒙古师范大学学报：教育科学版,2003(3)：8—13.

〔2〕杨俊.小学家长学校课程体系建构探索[J].教学与管理,2005(9)：5—7.

家长课程体系的目标体系、内容体系等方面,提出了值得借鉴的观点。

2010年后学者对家长教育课程的研究不断深化。《家长课程:教了父母育了孩儿》探讨了家长课程教育的问题、方式和意义,作者认为"家长课程的开展让家长开始自觉反思自己的教育行为,主动成为孩子成长的教育者与陪伴者,使孩子与家长彼此更加信任、更加包容"[1]；王爱菊、申传胜在《开发与利用家长课程资源的方式》一文中,从"家长为学校提供教育资源和理念、家长进学校参与校本课程开发、家长参与评价机制"等方面探究如何开发家长课程资源。[2] 我们应认识到家长是一种重要的课程资源,应将其纳入学校课程发展体系之内,予以开发和利用。开发与利用家长课程资源的方式包括,引导家长为学校教育提供观念和资源支持；把家长请进学校,参与校本课程开发；创造机会,让家长之间共享良好家庭教育经验；邀请家长参与学校的决策、监督和评价。宋中江从当前家庭教育的误区、家庭教育的意义、优化家庭教育的教学过程出发,对我国当前家长教育课程如何实施、如何开展进行了详细的介绍。

综上,我们发现我国家长教育课程的教育目标、教学内容、教学活动方式等方面欠缺相应的理论研究与实践研究。国外对家长教育课程的研究相对成熟,但如何将经验本土化,还需进一步实践。可见,如何从宏观和微观两个方面,搭建适合我国的家长教育课程理论框架,通过课程的实施反思课程构建的得失,并做出相应的调整,是家长教育课程需要努力的方向。

※ 四、家长教育课程对小学生心理健康成长的意义

(一) 理论意义

构建家长教育课程的意识以及相关理论与实践大多出现在国外,而西方的教育背景、教育水平、家长和学生素质都与国内的情况大不相同,因此,我们无法照搬国外的家长教育课程及体系。基于我国基础教育设施、社会文化和家庭文化,构建根植于校情、家长需求的家长教育课程体系,具有一定的理论价值。

(二) 实践意义

在我们理清家长教育、家长教育课程、心理健康等相关概念后,针对小学生处在身心发展的关键期所呈现的可塑性强、易受外界影响等特点,将家长课程体系的构建放在义务教育阶段,这符合小学生心理发展和教育发展的规律。此外,学生的外在表现极易受其内在心理状态的影响,只有抓住了心理健康这一内因,我们才能追本溯源,找到小学生种种问题行为或者良好表现的内在机制。因此,依托我校江苏省中小学生品格提升工程项目,构建以儿童心理健康成长和积极品质发展为宗旨的"星期八 心父母"课程体系,以期为人们提供可以参考和借鉴的家长教育课程结构和模式,并在实践的基础上,总结经验,为家长教育及家长教育课程理论建设做出一定的贡献。

---

[1] 陈孝花.家长课程:教了父母育了孩儿[J].中国德育,2013(5):66—68.
[2] 王爱菊,申传胜.开发与利用家长课程资源的方式[J].教育科学论坛,2010(2):11—13.

第二节 家长胜任力与儿童心理健康成长关联性的调查研究

小学阶段是儿童品格形成的关键时期,是儿童生理、心理发展的重要时期。随着生理心理的发育和发展、竞争压力的增大、社会阅历的扩展及思维方式的变化,儿童在学习、生活、人际交往和自我意识等方面可能会遇到各种问题。有些问题若不能及时得到解决,将会对儿童的健康成长产生不良影响,严重的甚至导致儿童出现行为障碍或人格缺陷,造成心理疾病,影响学习、交友和生活等各个方面。探寻影响儿童心理健康水平的相关因素,加强儿童心理健康教育,已经成为当今教育的重要课题。

小学生分辨是非善恶和心理承受等各方面的能力有限,需要老师和家长共同指导他们形成正确的人生观和价值观。父母和亲人作为孩子从小接触的人群,对于孩子形成健康的心理,其作用不言而喻。提升家长的育儿水平,加强家长教育,是促进儿童心理健康成长最有效的途径之一。

加强家长教育,就要提升家长胜任力。家长胜任力是家长教育的核心,包含家长在教育孩子的过程中应该具备的知识技能、思维方式和行为模式等。家长胜任力是直接影响小学生心理健康成长的重要因素。

在这里,我们将重点探讨家长胜任力与儿童心理健康成长之间的关系,以期找寻构建家长教育课程的现实依据和路径。

一、调查内容及方法

(一)调查对象

本调查的样本取自苏州工业园区文萃小学,分别有 1017 名学生家长、学生参与了问卷调查,其中一年级 223 人、二年级 151 人、三年级 140 人、四年级 166 人、五年级 191 人、六年级 146 人,男生 563 人,女生 454 人。剔除无效问卷,最后回收有效家长问卷 996 份、学生问卷 1002 份。

(二)调查内容

采用自编的《苏州工业园区文萃小学家长教育调查问卷》和《苏州工业园区文萃小学"基于心理健康成长的小学家长教育课程体系的构建与实施"学生调查问卷》。学生调查问卷是关于小学生心理健康状况的调查,包括学生基本信息、学习情况、行为习惯、亲子相处情况、人际交往情况五个部分;家长教育调查问卷是针对家长育儿胜任力的调查,包括家庭环境、教养方式、知识技能、教育观等方面。

(三)研究工具

本研究以自编的学生和家长调查问卷作为研究工具,问卷包含单选题、多选题和问答题。结合文献资料,对调查结果采用 SPSS 统计分析工具,进行信效度、频数等分析。问卷信度为 0.784,说明信度较高,可以继续进行研究。问卷量表的整体 KMO 值为 0.716,Bartlett

球形度检验 p 值为 0.000，总体效度较好。调查问卷能够较好地反映家长的教育胜任力。

※ 二、调查结果与分析

（一）家庭环境调查分析

样本中男生比例为 55.42%，女生比例为 44.58%。"大宝"占比最高，为 38.15%，另外独生子女样本的比例为 32.13%。家长调查问卷以妈妈填写为主，占比 80.02%。年龄为 30～39 岁者占比 75.10%。苏州本地人样本的比例为 41.77%，样本中"安家落户的新苏州人"占比 43.78%，其余为外来务工人员。父母职业以个体户和企业人员占比最高，为 55.52%；事业单位和公务员占比 8.84%。和老人一起生活的家庭占比 52.61%。家庭中主要承担孩子教育工作的 53.01% 为妈妈，37.35% 为父母共同承担，8.84% 为父亲，0.8% 为老人。

结合样本，我校学生所在的家庭环境呈现出以下特点：一是父亲的教育力量相对薄弱，整体参与度不高。家长的教育力量比较复杂，多以母亲为主要教育力量，父亲整体参与度约占三分之一，单独负责教育的情况更少，有个别家庭由老人承担。二是地域文化差异较大，苏州本地人、新苏州人占比相近，家庭文化和地域文化具有潜在的多元化特征。

（二）家长的教养方式调查分析

美国心理学家、加州大学伯克利分校人类发展学院的戴安娜·鲍姆林德提出了家庭教养方式的"要求性"和"反应性"两个维度："要求性"指家长针对孩子的行为建立适当的标准，进而坚持要求孩子达成标准；"反应性"指家长对孩子需求的敏感度和对孩子和蔼接受的程度。她把家庭教养方式分为"权威型""专断型""放纵型""忽视型"四种。本调查力求借助数据分析，通过对学生和家长的双向问卷，分析家长的教养方式，判断家长的育儿胜任力。

调查发现，在"家长对孩子的关注度"方面，39.36% 的家长更关注"孩子的学习情况"，59.44% 的家长表示亲子相处的时间主要用在"陪孩子学习，辅导功课"上。在学生问卷中，92.59% 的孩子表示，家长"偶尔""总是"布置额外的家庭作业给自己做。可见，亲子相处媒介多为学习，家长的关注度侧重于孩子的学习情况和学习成绩。在"处理孩子问题"方面，33.33% 的家长认为自己是孩子的"严师"，会在孩子犯错时采取"批评，若遇到严重的情况会打骂，让孩子认识到错误"的方式；而孩子则表示在"自己遇到困难时"，首先想到的是向父母求助，而将老师放在了第二位。在"父母类型"方面，孩子认为父亲是"权威型""专制型""放纵型""忽视型"的比例，分别为 52.91%、32.4%、10.95%、2.21%，认为母亲是"权威型""专断型""放纵型""忽视型"的比例，分别为 55.03%、38.1%、5.82%、1.06%。可见，父母四种类型分别存在于不同的家庭中，体现在不同的家长教养方式中。

借助样本分析，我们发现我校家长在教养方式方面呈现出以下几个特征：一是家长对孩子的关注面相对较窄，多集中于"学习情况"，容易造成家庭生活的视野广度不够，生活的灵动性、运动性和趣味性相对薄弱。二是家长面对孩子的错误，仍存在通过责罚、打骂等处理方式来让孩子意识到错误，一定程度上影响了孩子的心理健康成长。三是仍有近半数的家长存在专断、放纵甚至忽视孩子的情况。

（三）家长的知识技能调查分析

样本显示，被调查家长的学历如表 1-1 所示。

表 1-1　家长学历

选项	比例
A. 小学	1.2%
B. 初中	9.24%
C. 高中（含中专）	32.53%
D. 大专、成教、夜大、函授	27.31%
E. 本科	28.11%
F. 硕士	1.61%
G. 博士及以上	0%

可见，父母的学历层次不一，多为高中（含中专）、大专和本科学历，其中高中（含中专）超过三分之一，知识结构水平相对薄弱。

在这些样本中，文化程度较高的家长表示懂一点心理健康知识，三分之一的家长不了解心理健康知识。70.68%的家长认为需要"有心理学的知识，了解孩子的心理特点"，75.1%的家长认为需要"学习科学的教育方法"，83.93%的家长认为需要"身体力行，积极正面的榜样作用"。在进行家庭教育时，66.67%的家长认为自己"还能对付"，24.5%的家长认为自己"有些困难"或"非常困难"。超过五成的家长渴望通过以下方式提升自己的家庭教育技能：参加阅读沙龙、观看视频、听专家讲座、参与有组织的体验式活动课、听优秀家长的经验介绍、朋辈互助，只有21.69%的家长认为"自己学，网上找些教育文章看看就可以了"。

这些数据说明，家长需要从以下几个方面提升自身的育儿胜任力：一是提升心理健康知识水平，以了解儿童的心理问题和促进儿童心理健康成长；二是提升科学教育的水平，以解决家长所遇到的教育困难或困境；三是提升家长教育平台，提供多元化家长教育途径，帮助家长在学习、交流、体验活动、专家指导等方面提升育儿胜任力。

（四）家长的教育观调查分析

样本显示，89.32%的家长认为"学校开设家长教育课程对促进儿童心理健康成长的作用非常大"。在回答"31. 您的孩子上文萃小学以来，您参加过几次家长教育活动？您认为这些活动对您教育孩子的作用有哪些？""32. 您对文萃小学的家长教育课程的开展有何建议？您最希望学到什么？"两个开放性的问题时，借助样本词频分析，我们发现"孩子""教育""心理健康""家长""方法""课程""学校""活动""体验""提升（提高）"等词出现的频率较高。

由此，我们可以判断家长渴望改进自己的教育观，体现在：(1)渴望借助家长会、学校的"星期八　心父母"家长学校，提升自身的教育技能，改进教育观；(2)认为家长自身的素养提升对孩子的心理健康成长作用非常大；(3)渴望借助学校的课程、活动来帮助自身积累育儿方法，改进自己的教育观。

※ 三、讨论与建议

1. 营造良好的家庭环境，帮助儿童心理健康成长

调查从一定程度上反映了家庭环境对儿童心理健康成长的影响，孩子渴望愉快、宽松的

家庭环境,希望与家长民主相处。调查也反映了父母应该通过提升自身的知识技能,改善自己的思维方式等,来获得多元化的育儿知识,从而为孩子树立良好的成长榜样。良好的家庭环境,有利于儿童养成良好的个性与品质,帮助儿童与他人开展人际交往,学会关心他人,从而提升儿童的社会适应性。

2. **提升家长的育儿胜任力,促进儿童心理健康成长**

家长的胜任力体现在认知技能、教育观、教养方式、思维方式等方面,家长的教养方式最为重要。戴安娜·鲍姆林德认为在"权威型"教养方式下长大的孩子,比较积极、乐观,拥有较强的自信和较好的自控力;在"专制型"教养方式下长大的孩子,较多表现出退缩、焦虑等负面行为及情绪,但在学校中可能比较听话、守纪律;在"放纵型"教养方式下长大的孩子,自我控制能力很差,并容易表现得很不成熟,往往以哭闹等行为来表达未达成目的的不满,对家长有很强的依赖性;在"忽视型"教养方式下成长的孩子,因家长更多关注孩子物质方面的诉求,而不会在精神上给予支持。调查发现,家长的教养方式仍有很大的提升空间,我们需要通过提升家长的育儿胜任力,来促进儿童的心理健康成长。

3. **建构需求化的家长教育课程,促进儿童心理健康成长**

本调查凸显了家长们对自身素养提升的强烈诉求。构建系列化、科学性、平台化的共育课程,是促进家长育儿胜任力的有效途径。课程构建要根据问卷所体现的家长需求,进行个性化定制,必须坚持如下原则:(1)课程构建要体现本土性。要根据调查问卷所反映的问题,设置菜单式的需求课程,可以按照年级、话题、社会热点等维度来设置课程内容。(2)课程构建要借助多元化资源,开发校内教师、校外专家、优秀家长的资源。(3)课程运行需要借助相应的机制,如采取班级化、责任制、讲师晋升制等,来推进课程的运行。(4)需要构建相应的评价体系,将家长课程的评价与学校的家委会评价进行整合,借助表现性评价、过程性评价等,开展"家长讲师阶段性推进活动""优秀家长评选""讲师积分评优评先"等评价活动,实现以评价来促进课程的有效运行。

附件1:

苏州工业园区文萃小学家长教育调查问卷

家长朋友您好!

我们调查的主要目的是了解家庭教育的情况,调查结果用于课题研究和接下来更好地开展工作,不会涉及您的个人利益。本次调查您的回答不涉及是非对错,请按照您的实际情况逐一回答每一道题目。衷心地感谢您的合作与支持!

第一部分 家庭环境

1. 您的孩子在读( )。
   A. 一年级　　　　B. 二年级　　　　C. 三年级　　　　D. 四年级
   E. 五年级　　　　F. 六年级
2. 孩子性别为( )。
   A. 男　　　　　　B. 女
3. 您的孩子在家里排行( )。
   A. 大宝　　　　　B. 二宝　　　　　C. 老小　　　　　D. 独生子女

E. 其他

4. 您是孩子的（　　）。
   A. 爸爸　　　　　B. 妈妈　　　　　C. 其他长辈

5. 您的年龄为（　　）。
   A. 30岁以下　　　B. 30~39岁　　　C. 40~49岁　　　D. 50岁以上

6. 您的学历为（　　）。
   A. 小学　　　　　B. 初中　　　　　C. 高中（含中专）
   D. 大专、成教、夜大、函授　　　　E. 本科
   F. 硕士　　　　　　　　　　　　　G. 博士及以上

7. 您的户籍为（　　）。
   A. 苏州本地人　　　　　　　　　　B. 安家落户的新苏州人
   C. 暂时租住的外来务工人员　　　　D. 港澳台同胞

8. 您的职业为（　　）。
   A. 公职人员（含公务员和除教师外的事业单位人员）
   B. 教师　　　　　　　　　　　　　C. 企业管理人员
   D. 工人（含农民工）　　　　　　　E. 农民
   F. 个体户　　　　　　　　　　　　G. 其他

9. 您的月收入为（　　）。
   A. 2000元以下　　　　　　　　　　B. 2000~3999元
   C. 4000~5999元　　　　　　　　　D. 6000~7999元
   E. 8000~9999元　　　　　　　　　F. 10000元以上

10. 您的婚姻状况为（　　）。
    A. 已婚　　　　　B. 丧偶　　　　　C. 离异　　　　　D. 再婚
    E. 其他

第二部分　教养方式

11. 目前是否和老人（孩子的爷爷奶奶或外公外婆）一起生活？（　　）
    A. 是　　　　　　B. 否

12. 在您的家里承担教育孩子主要工作的人是（　　）。
    A. 父亲　　　　　B. 母亲　　　　　C. 父母　　　　　D. 爷爷奶奶

13. 您对孩子的未来有什么期望？（　　）
    A. 考上一所好大学，找到一份体面工作
    B. 身心健康，做自己擅长的事，过自己想要的生活
    C. 能养活自己就好
    D. 目前还没想过

14. 您认为孩子的成长受哪方面的影响最大？（　　）
    A. 学校教育　　　B. 家庭教育　　　C. 社会教育　　　D. 其他

15. 您平时对孩子的教育，在（　　）方面关注更多。
    A. 学习情况　　　B. 生活习惯　　　C. 兴趣特长　　　D. 心理健康

16. 您与孩子相处状态为(　　)。

A. 非常融洽,不管是遇到开心的事还是遇到烦恼的事孩子都会主动与我沟通

B. 孩子有时会主动和我聊天,但是报喜不报忧

C. 我不主动跟孩子沟通,孩子就不会跟我沟通

D. 孩子不愿和我多聊天,跟我的关系比较疏远

17. 您用于陪伴孩子的时间为(　　)。

A. 一周加起来少于3小时　　　　B. 平均每天半小时左右

C. 平均每天1小时左右　　　　　D. 平均每天2小时左右

E. 平均每天3小时左右　　　　　F. 平均每天3小时以上

18. 您陪伴孩子最常用的方式是(　　)。

A. 全身心地跟孩子聊天　　　　　B. 陪孩子学习,辅导功课

C. 全身心地陪孩子玩孩子喜欢的游戏　　D. 亲子阅读

E. 户外运动　　　　　　　　　　F. 边看手机边陪孩子

19. 您在孩子心目中的形象是(　　)。

A. 法官　　　　B. 警察　　　　C. 严师　　　　D. 朋友

E. 保姆　　　　F. 可有可无的陌生人　　　　G. 其他

20. 当您的孩子犯错时,爸爸的教育方式一般是(　　)。

A. 批评,若遇到严重的情况会打骂,让孩子认识到错误

B. 替孩子解决

C. 耐心了解情况,和孩子一起分析,让孩子自己解决

D. 忽视,犯错误没什么大不了的

21. 当您的孩子犯错时,妈妈的教育方式一般是(　　)。

A. 批评,若遇到严重的情况会打骂,让孩子认识到错误

B. 替孩子解决

C. 耐心了解情况,和孩子一起分析,让孩子自己解决

D. 忽视,犯错误没什么大不了的

22. 您认为孩子如果出现行为问题,归根到底是由于(　　)。

A. 遗传等先天因素的影响,有些孩子天生好,有些孩子天生就不行

B. 家庭关系出了问题,如夫妻关系

C. 学校的教育出了问题

D. 家长缺少有效的教育方法

第三部分　知识技能

23. 您认为家长教育孩子需要有哪些能力?(　　)(多选)

A. 要能管得住孩子,有威信,让孩子听我话

B. 身体力行,积极正面的榜样作用

C. 有心理学的知识,了解孩子的心理特点

D. 学习科学的教育方法

E. 懂得夫妻相处之道,经营好婚姻

24. 您对心理健康知识（　　）。
    A. 了解　　　　　B. 懂一点皮毛　　　C. 不了解
25. 您认为您的孩子心理健康吗？（　　）
    A. 健康　　　　　B. 不健康　　　　　C. 介于健康和不健康之间
26. 您在进行家庭教育时感到（　　）。
    A. 游刃有余　　　B. 还能对付　　　　C. 有些困难　　　D. 非常困惑
27. 在教育孩子遇到困难时，您通常会（　　）。
    A. 自己解决　　　　　　　　　　　　B. 向学校老师求助
    C. 向亲友求助　　　　　　　　　　　D. 寻求校外专业机构的帮助
28. 如果学校开设家长教育系列课程，定期上课，您会主动报名吗？（　　）
    A. 没时间报名，让家里其他成员参加吧
    B. 太好了，我正缺少学习的渠道，想跟着团队一起学
    C. 如果学校强迫参加，那就参加吧
    D. 不想报名，觉得这浪费时间，没什么用
29. 您希望通过（　　）途径参加家长教育课程。（多选）
    A. 参加阅读沙龙，共读一本家庭教育书籍，讨论交流
    B. 通过网络观看视频
    C. 听专家讲座
    D. 参与有组织的小型的体验式活动课
    E. 听优秀家长的经验介绍
    F. 朋辈互助，家长们自己围绕一个共同的话题讨论
    G. 自己学，网上找些教育文章看看就可以了

第四部分　教育观

30. 您认为学校开设家长教育课程对促进儿童心理健康成长的作用（　　）。
    A. 非常大　　　　B. 比较大　　　　C. 一般　　　　D. 没有作用
31. 您的孩子上文萃小学以来，您参加过几次家长教育活动？您认为这些活动对您教育孩子的作用有哪些？
32. 您对文萃小学的家长教育课程的开展有何建议？您最希望学到什么？

附件2：

苏州工业园区文萃小学"基于儿童心理健康成长的小学家长教育课程体系的构建与实施"学生问卷调查

亲爱的同学：

　　你好！你的成长与所受的家庭教育是息息相关的。为了保障你的身心健康发展，提升爸爸妈妈的育儿能力，请你配合我们的问卷调查，认真回答下面的单项和多项选择题，并将各选项的序号填写在括号内。

第一部分 基本信息

1. 你现在正在读(　　)。
   A. 一年级　　　B. 二年级　　　C. 三年级　　　D. 四年级
   E. 五年级　　　F. 六年级

2. 你的性别为(　　)。
   A. 男　　　B. 女

3. 你在家里排行(　　)。
   A. 大宝　　　B. 二宝　　　C. 老小　　　D. 独生子
   E. 其他

4. 你的户籍为(　　)。
   A. 苏州本地人　　　　　　　　B. 安家落户的新苏州人
   C. 随父母临时租住的人　　　　D. 港澳台同胞

第二部分 学习情况

5. 你认为读书的主要目的是(　　)。
   A. 为了挣钱　　　　　　　　B. 为了完成任务
   C. 为了学知识、明事理　　　D. 为了将来有一技之长

6. 你希望自己将来成为(　　)。
   A. 科学家　　　B. 技术人员　　　C. 公务员　　　D. 法律工作者
   E. 教师、医生　　F. 没有考虑过

7. 你平时在家玩手机或者ipad上的游戏吗?(　　)
   A. 总是　　　B. 经常　　　C. 偶尔　　　D. 从来不

8. 你家里藏书有(　　)。
   A. 50本以上　　B. 30本左右　　C. 10本左右　　D. 10本以下
   E. 没有

9. 你家里征订了报刊杂志没有?(　　)
   A. 订了　　　B. 以前订过　　　C. 没有

10. 你每天阅读课外书的时间为(　　)。
    A. 半小时以内　B. 半小时到1小时　C. 1~2小时　D. 2小时以上

11. 课堂上老师提问,你会(　　)。
    A. 马上回答　　　　　　　B. 想一会儿再回答
    C. 等别人先答　　　　　　D. 老师抽问才答,一般不回答

12. 班级竞选干部时,你的态度是(　　)。
    A. 积极准备、努力争取
    B. 听家长或同学的意见
    C. 对自己没有信心或害怕未被选上被人笑话,干脆直接放弃
    D. 不愿当,牺牲太多玩乐的时间了
    E. 其他

第三部分　行为习惯

13. 见了认识的长辈时,你会(　　)。
   A. 主动热情地打招呼　　　　　　B. 不好意思
   C. 躲起来

14. 家里来了陌生客人时,你会(　　)。
   A. 开心　　　　B. 主动招呼　　　　C. 不理睬　　　　D. 躲起来

15. 与新朋友在一起时,你会(　　)。
   A. 主动邀请朋友一起玩　　　　　B. 不好意思接近朋友
   C. 只顾自己玩

16. 对学校的纪律和常规要求,你会(　　)。
   A. 自觉遵守　　　B. 老师来就遵守　　C. 有时违犯　　D. 经常违犯

第四部分　亲子相处情况

17. 你在大多数时间里和谁生活在一起?(　　)
   A. 与母亲生活在一起　　　　　　B. 与爷爷奶奶生活在一起
   C. 与父亲生活在一起　　　　　　D. 与父母生活在一起
   E. 其他

18. 在你的家里负责教育你的主要是(　　)。
   A. 父亲　　　　　　　　　　　　B. 母亲
   C. 父母　　　　　　　　　　　　D. 其他(爷爷奶奶、外公外婆等)

19. 你的父母会花一些时间陪你聊天、陪你做功课吗?(　　)
   A. 经常　　　　B. 偶然会　　　　C. 没有

20. 你问父母或家长一些问题时,他们都乐于回答吗?(　　)
   A. 乐于　　　　B. 不乐于　　　　C. 一般

21. 妈妈在你心目中的形象是(　　)。
   A. 裁判　　　　B. 警察　　　　C. 严师　　　　D. 朋友
   E. 保姆

22. 爸爸在你心目中的形象是(　　)。
   A. 裁判　　　　B. 警察　　　　C. 严师　　　　D. 朋友
   E. 保姆

23. 你与妈妈在一起时经常感觉到(　　)。
   A. 愉快　　　　B. 宽松　　　　C. 紧张　　　　D. 无奈

24. 你与爸爸在一起时经常感觉到(　　)。
   A. 愉快　　　　B. 宽松　　　　C. 紧张　　　　D. 无奈

25. 爸爸大部分时间是怎样与你沟通的?(　　)
   A. 命令式　　　B. 平等交谈式　　C. 哀求式　　　D. 其他方式

26. 妈妈大部分时间是怎样与你沟通的?(　　)
   A. 命令式　　　B. 平等交谈式　　C. 哀求式　　　D. 其他方式

27. 你的爸爸在平时有过打骂你的现象吗?(　　)
A. 经常　　　　B. 偶尔　　　　C. 从来没有
28. 你的妈妈在平时有过打骂你的现象吗?(　　)
A. 经常　　　　B. 偶尔　　　　C. 从来没有
29. 你认为在你犯错的时候父母应(　　),你更容易接受并努力改正。
A. 严厉批评我　　B. 打我骂我
C. 和我一起分析错误的原因,一起商量解决的办法
D. 去告诉老师,让老师来管我
30. 你的父母会要求你做家务劳动吗?(　　)
A. 经常会　　　B. 偶然会　　　C. 不会
31. 除了学校布置的作业外,父母还会额外给你布置家庭作业吗?(　　)
A. 总是　　B. 经常　　C. 偶尔　　D. 从不
32. 当你遇到困难时,你会向(　　)求助。(多选)
A. 父母　　B. 朋友　　C. 老师　　D. 亲戚
E. 独自解决
33. 爸爸对你的教养方式是怎样的?(　　)
A. 权威型　　B. 放纵型　　C. 专制型　　D. 忽视型
34. 妈妈对你的教养方式是怎样的?(　　)
A. 权威型　　B. 放纵型　　C. 专制型　　D. 忽视型
35. 当你犯了错,你的爸爸一般会怎么做?(　　)
A. 耐心地询问你原因,和你一起来解决问题
B. 打你　　C. 骂你　　D. 又打又骂　　E. 其他
36. 当你犯了错,你的妈妈一般会怎么做?(　　)
A. 耐心地询问你原因,和你一起来解决问题
B. 打你　　C. 骂你　　D. 又打又骂　　E. 其他

第五部分　人际交往情况

37. 你在学校除了本班的同学外,还有没有其他朋友?(　　)
A. 没有　　B. 很少　　C. 较多　　D. 很多
38. 你通常会以何种方式结交新朋友?(　　)
A. 主动结交　　B. 朋友引荐　　C. 机缘巧合　　D. 其他
39. 和同学在一起,你感到(　　)。
A. 快乐　　B. 孤独　　C. 自卑　　D. 一般
40. 期末考试时,你会(　　)。
A. 心情紧张　　B. 有点紧张　　C. 无所谓　　D. 有信心,不紧张
41. 你在学校时的心情是(　　)。
A. 愉快　　B. 一般　　C. 有时烦　　D. 不愉快

第二章 以行动研究，推进课程实施

行动研究是一种研究工作的方式。它始于美国的柯利尔。20世纪90年代，行动研究得到了我国广大研究者的关注、应用及推广，并在不同学科教学和心理健康教育中得以运用发展。关于行动研究，学术界给出了不少定义，依照词频和相似点，在本研究中我们定义行动研究为：在真实的教育环境中，运用多种研究方法和策略，来解决家长在家庭教育中所遇到的真实问题，从而提升家长育儿胜任力，促进儿童心理健康成长。

本研究中的行动研究主要体现以下几个特点：

（1）实践性，注重在实践中检验理论和经验。它强调研究者要把既有的知识、经验放到具体、显性的实践中，进行实践的检验，甚至进行证伪。

（2）反思性，注重行动与研究两者的结合。针对研究计划、行动的效果，研究者要及时进行反思，以调整研究计划和实际工作。

（3）功能性，注重把解决问题放在第一位。它力求解决教育实践中的实际问题，进而提升行动者的研究水平和教育质量。

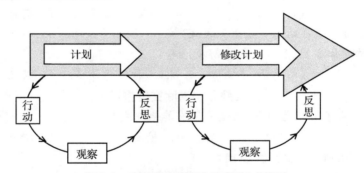

图 2-1　家长教育课程"行动研究"模型

借助行动研究，我们遵循"计划—实践（实施计划）—考察—反思—重新计划—再实践—再考察—再反思"的研究过程，在循环往复、螺旋上升的过程中，梳理家长教育问题，建设家长教育共同体，开发课程资源，建构家长教育课程体系，探究课程运行机制，研制课程实施标准，反复实践，不断反思，以期解决家长胜任力问题，促进儿童心理健康成长。

第二章 以行动研究，推进课程实施

第一节 基于儿童心理健康成长的小学家长教育课程实践

提升家长胜任力，有助于促进儿童心理健康成长。建构家长教育课程是提升家长育儿胜任力的有效路径。被誉为现代课程理论之父的泰勒，提出了课程编织的四要素，即课程目标、课程内容、课程实施、课程评价。根据四要素，依托行动研究，下面将从课程建构所需的资源、运行机制、实施策略、共同体建设和评价等方面进行探索，并结合实践进行论述。

一、合理开发校内外课程资源，是拓展课程广度的有效路径

课程资源是教育资源的重要组成部分，属于"资源"的一种。《辞海》界定"资源"为：财产的来源，一般指天然的财源。北京教育科学研究院黄晓玲研究员认为：课程资源是教育资源的重要组成部分，是课程系统物质、能量和信息等结构元素的源泉，是课程实施中富含课程潜能的内容系统和活动支持系统，是课程实施得以高效开展的依托和保证。[1] 华东师范大学课程与教学研究所吴刚平副教授认为：课程资源广义上指实现课程目标的所有因素，狭义上指形成课程的直接因素。[2] 湛江师范学院教育系范兆雄副教授认为：课程资源是指满足课程活动所需要的思想、知识、人力、物力等。[3]《基础教育课程改革纲要（试行）》指出，要积极开发并合理利用校内外资源，明确校内、校外和信息化课程资源。有学者将课程资源划分为条件性资源和素材性资源两大类。课程资源是家长教育课程实施中符合学生成长需要和家长教育需求的资源，包括师资资源、物资资源、家长资源、平台资源等校内外条件性和素材性资源，从而保障课程实施高效开展。

课程资源开发是以推进课程实施为目的，发掘、利用、整理和建设课程资源为课程实施服务的系统性过程，具体包括调查、筛选、建设等步骤。

1. 师资资源的开发

师资资源即具备家庭教育、心理健康教育的师资力量。苏州工业园区文萃小学共有20位老师（约全体教师的四分之一）相继获得苏州市中小学专兼职心理健康教育教师上岗资格证、苏州市中小学家庭教育指导师等资格，另有一个苏州市家庭教育项目基地、一个苏州市家庭教育名师工作室，并与苏州大学教育学院（含心理学专业）结成小文姐姐联盟。这些师资资源是课程实施所必需的专业素养、专业技能的保障性力量。

从这些资源遴选适合课程建设的优质师资资源，分类组成家长教育课程的讲师指导组、运行保障组、教材编写组三个师资团队。一是借助讲师指导组，从教学设计、教学策略、课堂活动形式、教学内容等方面，对家长进行专业指导，并建立家长讲师遴选制度，遴选优秀家长组建家长讲师团；二是借助运行保障组，从平台建设、物资保障、团队建设等方面，组建"家长学校"，保障家长学校的人力、物力、财力资源保障，建设家长讲师团，协助开展相关的团队活

---

[1] 黄晓玲. 课程资源：界定 特点 状态 类型[J]. 中国教育学刊，2004（4）：36—39.
[2] 吴刚平，樊莹. 课程资源建设中的几个认识问题[J]. 教育理论与实践，2001（7）：40—42.
[3] 范兆雄. 课程资源的层面与开发[J]. 教育评论，2002（4）：74—76.

动；三是借助教材编写组，从教材资源、教材使用等方面，与家长讲师团合力开发校本教材。

2. 物资资源的开发

物资资源是保证课程实施有效开展的物资来源，包含实物形态、价值形态。学校应借助项目研究经费、课题研究经费和学校办公经费，为课程实施提供如下物资资源保障：一是提供助力参与教师和家长讲师团专业素养提升的学习资料。采购相关书籍、文献等，如《正面管教》《家庭教育》等家庭教育书籍，《课程分析》《父母必须知道的教育心理学》等课程书籍以及心理健康专业理论书籍。二是提供助力参与教师和家长讲师团课程实施的相关设备，如多媒体设备、教材教具等。三是提供助力参与教师和家长讲师团团体建设的相关物资，如讲师团奖章证书、统一服装、激励性奖品等。

3. 家长资源的开发

家长资源狭义指学生家长，它具有丰富性、多元化和可再生性，是家长教育课程中的主导者、参与者和受益者。开发家长资源一是要了解家长情况，建立家长资源档案袋，包含工作属性、参与热情、知识结构、家庭背景、教育思维等，要借助调查问卷，进行调查分析，得出相关报告；二是要筛选家长资源，对有意向、有条件的家长，进行专项培育，如组建"家长讲师团"，设置家长讲师培训、晋升制度，建设"家长学校"，形成家长培育家长、家长帮助家长、家长促进家长的培育模式，并使其融入学校的德育课程建设、心理课程建设和活动课程建设等。

4. 平台资源的开发

平台资源就是保障课程运行并衍生其他产品的一定环境，在这里主要指保障课程运行的软件环境。平台资源的开发主要借助云端和常用的软件，开辟一个有利于课程运行的网络空间。课程实施者可以在该平台上学习、交流和选课。

在互联网背景下，当下适合家长教育较便捷的平台资源是微信公众号平台，它具有普遍性、宣传广、辐射快的特点，能有效连接学校、老师、家长和社会。

学校开发的平台资源为"星期八 心父母"微信公众号，根据课程内容，划分为"心讲堂""心学堂""心父母"三个板块。该微信公众号定期开展文萃小学"星期八 心父母"家长教育课程活动，由"家长学校"运营。平台的文章投稿、校稿、版面美编，均由家长学校的讲师团成员分工合作完成，推送内容有家长最关心的教育问题、儿童的心理健康、家长讲师团机构介绍，还有家长讲师团活动介绍及抢票环节，更有家长讲师的原创文章、参与活动家长的随感心得、国内外相关领域的优质视频和链接等，内容新颖、更新快。该平台探索家校共育新路径，在云端展现了课程实施的全景。它吸引了越来越多的家长加入家长教育课程中，在参与中学习、在实践中成长。

校内外资源开发，从多维度、多时空保障了课程的有效实施，也印证了资源开发"调查—筛选—建设"的流程是有效的，形成了"物资保障团队建设、师资研发群策教案、家长主导课程实施、平台推广记录宣传"的资源融合助力课程的方式。多元化资源开发，满足了课程实施的条件，也满足了学生和家长的成长需求。

※ **二、研制课程体系及运行机制，是课程顺利实施的有效保障**

"问题先导，需求出发"，立足学生成长需求和家长的家庭胜任力提升需求，建构相关课程,是促进儿童心理健康成长和解决家长教育问题的关键。课程体系要有系统性、完整性的架构,根据泰勒的课程编制原理,课程应包含课程目标、课程内容、课程实施、课程评价,设置课程运行机制,理清制约家长教育校本课程各因素的结构、功能及其相互关系,是保障家长教育课程顺利实施的重要策略。

（一）建构"星期八　心父母"家长教育课程体系,有助于探索家长教育实施模式

要借助探索符合学生成长需要和家长需求的家长教育实施模式,构建小学家长教育校本课程的目标与内容体系。

1. 形成特色理念,使课程具有针对性

理念共识是课程实施的前提。学校教师团队与家长学校团队打通育人共识,形成"星期八　心父母,合教育　心成长"的理念。该课程理念认为家长、学校（教师）、学生和校外资源处于一个整体、关联性的共育系统之中,具有相同的教育目的,即促进儿童的成长,因此,家庭、学校、社会应形成教育的"合"力,在多维的"合育人"中,实现儿童的"心理健康成长"。

2. 搭建课程体系,使课程具有阶梯性

设定家长教育课程体系时,要从儿童的心理健康成长、家长的胜任力提升角度出发,以满足学校各年级家长的不同需求。借助调查问卷、座谈会等方式,我们掌握了不同年级家长的需求,大致可以分为:家庭教育中的父母角色定位、家长胜任力提升策略、儿童心理健康成长路径探究、社会热点问题等。我们通过归纳分类,初步形成课程内容雏形,再借助行动研究,在"计划—实践—考察—反思"循环往复的实践过程中,筛选、修改并完善课程内容。最后,在反复实践和反思中,我们建构了基于儿童心理健康成长的小学家长教育校本课程的顶层架构,并研发校本教材。

图2-2　"星期八 心父母"课程图谱

如图2-2所示,课程包含心陪伴、心成长、心启航三个板块。

心启航·预备课程:这是针对家庭教育中的父母角色定位、家长胜任力提升策略两大方面的内容设置的课程。与之相对应,分别设置角色定位、自我认知两个系列,帮助家长们审视自我,定位角色,开启家长教育航程。

心陪伴·阶梯课程：以儿童心理健康成长路径探究为内容，主要指向学生成长规律、教育特点、家长胜任力需求等问题，开设一至六年级家长教育课程。如针对一年级新生家长对孩子适应学校生活过程中遇到的困惑，开设的"孩子上小学的心理准备"主题等。针对性、阶梯性、陪伴性是这个板块课程的特点。

心成长·订制课程：主要围绕社会热点问题，设置个性化问题、热点化聚焦两个板块。如很多家庭在时代影响下，选择生育二胎。这使家长产生了对大宝教育等方面的困扰。针对这样的热点话题，面向家有二胎的家长，我们开设了"当二宝时代来临"主题课程。该类课程的特点是帮助家长及时归因、积极应对、聚焦热点、探讨路径。

（二）建立课程运行机制，有助于理清各课程要素的相互关系

校本课程运行机制，是校本课程各要素之间相互作用、相互联系的纽带，是整体性运作的原理和方法，它包含校本课程的编制、资源开发、实施、评价等要素。运行机制促使校本课程始终处于行动研究中，持续实践、改进，形成良性循环，保持始终优化的、高水平的状态。

由美国密歇根大学教育学院的莉萨·拉图卡、琼·斯塔克撰写的《课程：学术计划》，为弥补有关课程的综合定义，将课程定义为"学术计划"，并着眼于八个课程要素，分别为：目的、内容、编排、学习者、教学过程、教学材料、评估和调整。[1]"星期八 心父母"家长教育校本课程有校本化的属性，它是家长共同体和学校双方合力开发的校本课程。该课程呈现出以下特点：一是以"家长需求""学生需求"为出发点，目标指向家长胜任力提升和儿童心理健康成长。二是课程内容的开发是自下而上的实践过程，需要在实践中不断检验和修订。三是课程资源具有本土性和校本性，要根据学校和本地的教育情况进行适当的筛选。四是课程实施的主体和对象均是家长，家长是课程的主导者、践行者、受益者和评价者。根据文献和课程特点，依照行动研究方法，提取校本课程中的关键要素：目标、内容、实施、资源、评价、调整。

（1）目标。根据家长的家庭教育需求和儿童成长需要，借助课程实施，提升家长胜任力，促进儿童心理健康成长。

（2）内容。以家校共育为思路，从家长进课堂、家长听专家讲座、家长讲师讲堂三个维度，设置"心父母""心讲堂""心学堂"三个共育形式，重点开发"心讲堂"即"星期八 心父母"家长教育校本课程，成立"星期八 心父母"家长学校，并设置"心启航""心成长""心陪伴"三个板块，共43个家长教育课程主题。

（3）实施。实施是指通过教学活动，对已经编制好的课程内容和方案付诸实践的过程。家长讲师确定教学内容，根据教学内容设计教学方案，在学校老师的指导下共同打磨教案，借助微信公众号平台发布课程活动，全校家长根据自身需求在平台上进行抢票，家长讲师确定上课人数，选择适合的教学策略，面向其他家长进行授课，开展授课活动报道，收取家长意见和作业，根据教学经验和多方意见修改教案。可见，课程的实施过程是一个动态的、过程性的教学行动实践历程。

---

[1] 莉萨·拉图卡,琼·斯塔克.课程:学术计划[J].黄福涛,译.清华大学教育研究,2019(3):33—45.

（4）资源。我校校本课程筛选的课程资源为师资、家长、平台、物资四类。家长讲师根据所选的授课内容,选择所需的课程资源,并有目的、有选择地使用。课程资源可保障课程有效运行。值得一提的是,家长资源中的家长力量,师资资源中的学校(教师)力量和校外专家、苏州大学教育学院、苏州市家庭教育项目等校外资源,是四类资源中鲜活的、灵动的、创造性的力量。他们相互促进、互相提升,共同指向学生的心理健康成长:以学校(教师)为引导,建构课程体系,指导家长组建共同体,建立"星期八 心父母"家长学校;以家长为主导,培养一批具有终身学习理念,有较系统的教育心理学理论素养,并在育儿方面有成功经验的优秀家长来担任讲师;以问题为导向,寻找解决路径,借助校外资源进行自我指导和提升,实现儿童心理健康成长。

在这里,学生是育人的核心,家长为育人的主导,学校(教师)是育人的引导,而由校外专家、苏州大学教育学院、苏州市家庭教育项目等构成的校外资源,则是育人的影响力量和保障力量,四者的关系如图2-3所示。

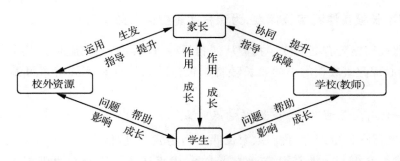

图2-3 "星期八 心父母"家长教育课程中家长资源、师资资源相互作用示意图

（5）评价。家长讲师团和学校必须对授课对象和学生成长进行评估,设置相应的评价体系,用以判断课程的有效性。

（6）调整。行动研究强调观察与反思,课程评价有助于审视课程实施的效果,据此,我们要边实践、边反思、边调整,适时调整、修订课程计划。

（三）依托课程要素,研制运行机制

六大课程要素相互作用、相互关联,是一个循环的、螺旋上升的系统。多元资源尤其是家长诉求,为校本课程提供了素材。家长和教师选择、确定课程内容,并借助实施和评价不断进行自我调整。课程内容的落地实施,需要家长、学校的推进,更要回归目标,接受评价和检验,并适度调整实施策略。最后,校本课程要借助多元资源进行课程目标、内容和实施、评价的调整,进而修订计划,再次投入实施、接受评价。如此反复行动、反复实践、反复修订、螺旋上升,促使课程六要素不断完善。同时,循环行动运行机制以"计划—行动—观察—反思"的行动研究方法,使得校本课程始终处于一个高水平的、最优的实施状态,如图2-4所示。

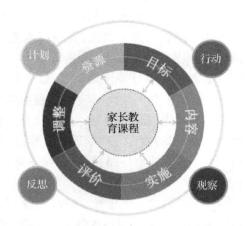

图 2-4 "星期八 心父母"家长教育课程循环行动运行机制

※ 三、研制家长教育课程实施标准,为课程实施提供有效参考

完整的课程实施应有据可依。我们从课程目标、课程内容、实施建议几个部分出发,制定《基于儿童心理健康成长的小学家长教育课程标准》,让课程实施有章可循(详见本章第二节)。

(一)评价指向课程改进,设置课堂点睛表

基于 CIPP 课程评价理念,我们以家长课堂为场域,研制课堂学习评价(含当堂评价、一周后作业评价),并编制了课堂教学点睛评价表,力求在实践中不断改进和完善家长讲堂。评价表详见表 2-1。

表 2-1 课堂教学点睛评价表

上课讲师		年段		时间	
授课对象		课题			
项目	评分标准细则				得分
教学目标 (20分)	1. 准确把握课程性质,全面落实课程目标。 2. 符合课程标准及教材要求。				
教学内容 (20分)	1. 教学内容符合该区域家庭教育实际需要,教学容量适度。 2. 层次清楚,安排合理,关注课堂学习过程中呈现的家庭教育问题。 3. 教材处理得当,做到学与练的统一,亲子或家长体验操作时间不少于10分钟。				
教学活动 (20分)	1. 家长不仅是教学的接受者,也是开发者,教学过程能体验教学的主动性和创造性,提升自我的家庭教育观念和能力。 2. 教学过程环节清晰,突出重点,突破难点,讲练恰当。能根据课堂生成情况灵活、机智、恰当地调整教学方法和进程。 3. 教法得当灵活,注重体验式教学,能引导家长和儿童在体验中学习,课堂和谐,有多向信息反馈和情感交流。				

续表

项目	评分标准细则	得分
学习活动（20分）	1. 家长学习兴趣盎然，思维活跃，积极投入，讨论热烈。 2. 受训面广，整体参与体验过程，课堂秩序良好。 3. 学习后，家长能对家庭教育的重要性、教育理念的科学性、教育方法的实操性有所提高。	
布置作业与反馈(10分)	1. 有推荐进一步深入学习的资料。 2. 布置相关作业，并有书面或微信平台资源的反馈意见，家长的内在自我成长与外在行为变化可视。	
教学方案的可持续性、可推广性(10分)	1. 教学资源丰富，教学方案可持续性实施概率大。 2. 教学内容可推广性高，切合家长教育需求。 3. 与同类学习主题和方案相比，本学习方案优势明显。	
教学方案的亮点或不足		
总评等第		

（二）评价侧重过程性，注重形成性评价策略

形成性评价是指在教学过程中为了了解学习者的学习情况，及时发现教学过程中的问题而采取的评价。注重参与者的合作评价和相互评价，采取自我评价、听课人评价、孩子评价三种方式，制定"星期八　心父母"家长学分制，促使家长有效调控自己的学习体验过程。该评价强调家长的获得感、成就感，不是从自身需求出发，而是从多维的评价者的需求出发，更注重多种元素的相互作用，重视被评价者的自我调整、完善和提升。基于此，我们制定"星期八　心父母"学分制，通过自评、他评、孩子评，来评价优秀家长，详见表2-2。

表2-2　"星期八　心父母"家长学分制

评价项目	自评必修三个一			他评加分项						孩子眼中的我
对照得分	一节必修课（参加10+作业10=20学分）	一节微课（网络播放，参加10+作业10=20学分）	一本必读书（一学期读一本家教书，导读活动10+读书心得10=20学分）	一场亲子活动(组织、交活动方案，通过后实施。参加10+作业10=20学分)	一次选修课(在公众号发表文章，抢票。参加10+作业10=20学分)	一次评选为"优秀家长"加10分	一次孩子展演或荣誉加5分	一次问卷调查和访谈获得良好评价加10分	一次当家长讲师或参与活动加20分	调查问卷与访谈（达到孩子合格、良好、优秀评价的分别加20、30、40分）
一上										
一下										
二上										
二下										
三上										

续表

评价项目	自评必修三个一			他评加分项					孩子眼中的我
对照得分	一节必修课（参加10＋作业10＝20学分）	一节微课（网络播放，参加10＋作业10＝20学分）	一本必读书（一学期读一本家教书，导读活动10＋读书心得10＝20学分）	一场亲子活动（组织、交活动方案，通过后实施。参加10＋作业10＝20学分）	一次选修课（在公众号发表文章，抢票。参加10＋作业10＝20学分）	一次评选为"优秀家长"加10分	一次孩子展演或荣誉加5分	一次问卷调查和访谈获得良好评价加10分	一次当家长讲师或参与活动加20分	调查问卷与访谈（达到孩子合格、良好、优秀评价的分别加20、30、40分）
三下										
四上										
四下										
五上										
五下										
六上										
六下										

  多维资源的保障、课程顶层架构的宏观总领、运行机制中各元素的相互作用、课程评价带来的激励及反思，均促进了"星期八　心父母"家长教育课程的有效实施。

  在此过程中，还应该关注课程实施主体，即家长共同体的建设，这是课程实施的有效组织保障。学校尊重家长的主体性、参与性和积极性，组建了以家长学校讲师团为核心力量的家长教育共同体，并吸纳了更多致力于家长教育的家长力量。家长共同体以专题性研究活动为特色，经过调查、研讨和反复实践，确定了"亲自然、亲家庭、亲社会"的"三亲"专题性共同体活动框架（表2-3）。这些专题性活动，一定程度上促成了学习型家庭的建立，促进了家长育儿胜任力的不断提高，从而最大程度上帮助孩子在健康和幸福的家庭中快乐成长。

表2-3　"星期八　心父母""三亲"专题性家长教育共同体活动

亲自然	亲家庭	亲社会
户外亲子游 徒步旅行 东山采摘 户外团辅	家庭成长规划 班级开放日 爱心义卖 读书沙龙	志愿者活动 社区协作活动

第二节 基于儿童心理健康成长的小学家长教育课程标准

1. 前言

为深入贯彻落实《中共中央 国务院关于进一步加强和改进未成年人思想道德建设的若干意见》,依据《未成年人保护法》《全国家庭教育指导大纲》《教育部关于加强家庭教育工作的指导意见》,结合苏州市中小学家庭教育课程化实施举措,以及苏州工业园区文萃小学"星期八 心父母"学校教学实践经验,我们对小学阶段孩子的家长实施较为科学系统的教育,构建家庭、学校、社会一体化的教育体系,促进亲子共同成长,营造和谐的家庭生活环境,逐步实现全社会的和谐发展。

※ 一、课程性质与地位

基于儿童心理健康成长的小学家长教育课程是指通过小学家长学校这一平台,来普及家庭教育知识,提升家长教育观念和教育素养,促进小学生身心健康发展,构建和谐健康的家庭教育环境,提升家校教育合力的一门综合性课程。

家长教育是家庭教育的核心。家长教育以具有家长资格的成年人为教育对象,目的在于通过提高家长素质,改善家庭关系的处理方式,提高对子女的教育水平,造就和谐的家庭环境和社会环境。

而小学阶段正是童年最精彩、最重要的时段,是形成正确的世界观、人生观、价值观,塑造优秀品质、完善人格和心理成熟的关键时期。小学生的生理、心理发展,从一年级到六年级,大致有三个明显不同的阶段,即小学低年级段(一、二年级)、小学中年级段(三、四年级)、小学高年级段(五、六年级),它遵循着人类心理发展顺序性和个体发展的不平衡性规律。如果家长能科学地了解儿童身心发展的一般规律,及时、科学地帮助、引导和教育儿童,就能为儿童健康的发展保驾护航,建立和谐的亲子关系,和学校教育形成有效的教育合力。

从这个意义上讲,基于心理健康成长的小学家长教育课程的开发与实施直接影响着家长素质和孩子的全面健康成长,影响着学校教育、社会教育的效力。

※ 二、课程基本理念

(一)以儿童发展为根本,促进儿童身心健康成长

家长课程虽面向家长开展教育,但指向的是儿童的成长。因此,通过课程的实施,家长需要知晓儿童身心发展的规律,重视儿童的个性化发展需求,努力创设适合儿童成长的空间,弹性地、有效地解决儿童成长过程中出现的问题,促进儿童身心健康发展。

(二)以家长为主体,促进家长自我成长

为广大的家长家庭教育服务是家长课程的开发与实施的宗旨,因此,家长课程开发,一

方面,应了解不同类型家庭的家长需求,了解家长愿望,积极鼓励父母双方主动参与并指导儿童成长;另一方面,要引导家长通过自我的学习成长,掌握科学的家庭教育方法,适应时代发展的需求。

(三)以积极体验为方式,促进家庭功能提升

基于心理健康成长的小学家长教育课程秉承学校课程的目标和方式,创设积极体验的亲子课堂,让家长在具体的情境中,提高家庭应对和解决问题的能力,体会到家庭每一个成员的自我价值与存在感,促进家长与儿童、家庭与家庭、家庭与学校的多项互动,建设开放而有活力的家长教育课程。

三、课程设计思路

(1)以社会主义核心价值观为引领。家庭是社会的基本单元,是人生命成长的第一个学校。课程应顺应儿童身心发展特点,积极创设和谐的家庭环境,加强家校沟通的渠道,培养身心健康的生命个体,促进社会的和谐发展。

(2)以儿童身心发展为经编排课程。家长课程依据儿童身心发展特点,按照儿童成长的纵向脉络整体设计,针对不同年龄段、学龄段的生理心理特征组织家长教育内容,形成各阶段有机衔接、螺旋上升和全面系统的内容体系,体现整体性和阶段性。

(3)以家庭育儿问题为纬组织课程。有机整合教育学、心理学、家庭教育学、社会学、婚姻家庭学等学科知识,以相应年龄阶段家庭教育可能出现的矛盾和主要问题确定课程主题,突出科学性、针对性与可操作性。

2. 课程目标

使小学阶段儿童的家长较为科学系统地了解相应年龄段孩子的生理、心理发展特点及社会适应要求,把握相应年龄段孩子的养育任务和家庭教育要点,并能够根据孩子的实际情况选择合适的教养方式;认识到自我成长对于引领孩子成长和家庭功能提升的重要意义,形成主动学习的意识和反思的习惯,逐步形成通过家长自身素质的提高而造就和谐家庭环境和社会环境,进而实现和谐社会的良好态势。

3. 课程内容

依据课程目标,按学龄段组织课程内容,每个学龄段的课程内容包括该儿童身心发展特征和教养内容要点两部分。

一、为人父母的预备课程

1. 儿童身心发展特征

儿童在进入小学前,主要经历了胎儿期、0~18个月安全与信任关键期、1.5~3岁探索与规则关键期、3~5岁母婴依恋与分离关键期。

2. 教养内容要点

（1）了解各年龄阶段孩子的心理特点和家庭教育重点，既要关注孩子的身体健康，也要促进孩子的潜能发展。

（2）家长认知自我，规划自我人生，遇见并成就自我。

（3）学习夫妻相处之道，构建和谐的家庭成员关系，知晓良好的婚姻关系是儿童成长的定海神针。

（4）正确定位为人父母的角色，知晓隔代养育的利弊，科学履行为人父母的义务。

（5）小学阶段是人生学习的重要时期，家长应懂得儿童健康的品质比成绩更重要，养育儿童应从培养积极健康的人格品质开始。

※ 二、一、二年级学生家长课程

1. 儿童身心发展特征

小学低年级学生的脑功能发育处于"飞跃"发展的阶段，他们的大脑神经活动的兴奋性水平提高，表现为既爱说又爱动。他们的注意力不持久，一般只能持续20～30分钟。他们的形象思维仍占主导地位，逻辑思维很不发达，很难理解抽象的概念。他们的独立性和自觉性较差，在生活、学习、活动等各个方面都需要成人的监护和具体指导。一、二年级阶段是儿童适应学校生活、形成良好学习行为习惯的关键期。

2. 教养内容要点

（1）帮助孩子做好入学适应工作。家长要经常观察孩子的情绪状态和学习表现，加强交流，及时进行指导；主动与教师联系，帮助孩子尽快适应小学生活。

（2）培养自理能力，养成劳动习惯。家长要培养孩子的自理能力；激发劳动欲望，传授劳动技能，养成良好的劳动习惯。

（3）培养良好的学习习惯，关注儿童的规则感、专注力和倾听习惯，培养儿童的时间观念，使儿童知晓学习是自己的事，让儿童品尝学习的快乐。

（4）鼓励儿童进行人际交往，搭建良好的同伴、师生、亲子关系。妥善处理孩子交往问题，做孩子的情绪教练，提高儿童的情绪控制能力。

（5）营造家庭学习氛围，让亲子阅读成为习惯。

※ 三、三、四年级学生家长课程

1. 儿童身心发展特征

三、四年级阶段是儿童智力发展的过渡期，抽象逻辑思维开始出现，认知活动的随意性、目的性均有明显增长，同时自我意识和自我评价能力逐渐增强，他们对外界事物有了自己的认识态度，自我尊重、获取他人尊重的需求强烈。他们心理上处于"动荡"过渡期。

2. 教养内容要点

（1）之前养育的潜伏问题会在此阶段以学习问题的形式彰显出来，家长应关注孩子做作业磨蹭马虎、注意力涣散、厌学等学习习惯和态度上出现的问题，帮助孩子正确看待学习问题，注重学习方法，帮助孩子顺利越过第一个学习分水岭，让儿童保持学习兴趣。

（2）指导家长帮助孩子掌握克服考试焦虑的方法，正确对待孩子的学习成绩。指导家长帮助孩子端正学习态度，掌握学习方法；加强与任课老师的联系，了解孩子的学习情况，引导孩子制定符合自身的学习目标。

（3）帮助孩子了解个人的性格优势，正确认识自我、评价自我，自信地表达自我，增强自我抗挫折的能力。

（4）了解孩子的社交、阅读、兴趣等方面的情况，重视亲子共同语言的建立，开展有趣、有意义的家庭活动，保持或建立和谐的亲子关系。

（5）培养孩子健康的生活情趣。引导孩子学会并承担必要的家务，学会简单的厨艺，积极参加体育活动，发展艺术爱好，进行广泛阅读，多体验野外与社会实践活动。

※ 四、五、六年级学生家长课程

1. 儿童身心发展特征

五、六年级的学生，身体发育再次进入一个高速发展期，被称为第二发展期。此时，他们不仅身高、体重明显增长，而且肌肉骨骼的力量也在迅速增强。在心理方面，他们的智力有很大的发展，逻辑思维开始在思维中占优势，创造思维也有很大的发展；他们对新奇的事物表现出极大的兴趣，如搜集物品、制作玩具、学习某种特长等，但往往见异思迁，朝秦暮楚；他们常常把某些脱离实际的幻想当作将来的人生目标，盲目崇拜某些明星；他们独立意识进一步发展，常常认为自己已经长大成人，甚至比大人们还高明，因此爱自作主张，甚至顶撞老师和家长。

2. 教养内容要点

（1）进行初步的青春期教育，包括帮助孩子认识青春期的生理和心理变化，做好心理疏导，帮助孩子心平气和地迎接青春期。

（2）关注孩子的"朋友圈"，包括同异性交往的方式、追求的偶像等，进行青春期异性间情感的疏导；营造宽松、温馨的家庭心理环境，指导、鼓励孩子多参加有益的群体活动，与同学友好相处，帮助孩子建立正确的集体意识及友谊观。注重心理沟通，引导孩子以合理的方式排解情绪。

（3）做好小升初衔接。引导家长了解初中阶段的培养目标，帮助孩子确立学习目标，掌握正确的学习方法，学习如何有效地利用学习时间，获取收获的愉悦感，树立人生梦想。

（4）关爱与信任孩子，促进亲子间良好的沟通。指导家长摆正心态，以平等的姿态与孩子相处；学习与孩子沟通的技巧，学会运用委婉、民主、宽容的语言和态度对待孩子；学会倾听孩子的意见和感受；学会尊重、欣赏、认同和分享孩子的想法；学会采取正面方式激励孩子。

（5）开展信息素养教育，引导孩子正确使用各种媒介。指导家长掌握必要的信息知识与技能；了解孩子使用各种媒介的情况；培养孩子对信息的是非辨别能力和信息加工能力；鼓励孩子在使用网络等媒介的过程中学会自我尊重、自我发展；对网络成瘾的孩子，根据实际情况适时寻求专业咨询和心理援助。

4. 实施建议

一、教学建议

本标准是小学阶段学生的家长课程实施的基本依据。课程实施者应在认真学习的基础上,结合家长和儿童的实际,创造性地进行教学。具体提出以下教学建议:

（一）准确把握课程性质,全面落实课程目标

家长课程是面向家长的综合性课程,应有机整合教育学、心理学、脑科学、社会学、婚姻家庭学、儿童营养保健学等知识,避免将这些内容割裂教学;应准确把握家长课程的实践性,避免概念化、孤立化地传授知识,努力使知识的学习服务于家长和孩子成长的需要。

（二）引导并充分发挥家长、学生、教师在教学中的主动性和创造性

家长是家长课程学习的主体,同时也是课程研发的重要组成部分。家长课程教学要考虑家长的实际情况,了解不同类型家庭及家长的需求,运用丰富多样的课程资源、教学方法,激发家长主动学习的积极性,逐步使家长认识到家庭教育的重要意义,从而通过多种渠道主动获取家庭教育知识,通过提高自身素质来改善家庭关系,提高对子女的教育水平。同时,更应该激发家长自主关注养育问题与难点,主动学习,积极参与课程研发,发挥其主动性和创造性,通过家长学校平台培养出一批有较高家庭教育素养的家庭教育导师。

（三）研发开放而有活力的课程内容和教学方式

家长课程的实施应坚持理念普及与实践训练并重,共性与个性并重,普遍性与针对性并重。在教学形式上应灵活多样,开放而多元,应建立课程实施者与家长、孩子,家长与家长,家庭之间,家校之间的互动,努力形成相互学习、相互尊重、相互促进的环境。在课程实施上应当密切关注当下家庭的特点和社会现实生活的变化,尽可能满足不同家庭结构、不同文化层次的要求。

（四）体验家长课程的实践性和发展性

课程实施者要妥善利用并创设丰富的教育情境,引导和帮助家长通过亲身经历与感悟,在获得情感体验的同时,深化思想认识,还要为家长提供直接参与实践的机会,如开展亲子体验课堂、家长联谊会、专题研讨会、亲子户外实践活动等,适时有效地将课程内容延伸至家庭生活,关注家长教育的实践能力。

（五）注重科学的家庭教育理念的普及,关注养育问题与难点

先天遗传、个性特质、生活与学习环境、人际互动关系、家庭与学校教育、主观能动性等都是影响个体发展的基本因素,课程实施者在教学中,切忌忽略各种因素的综合影响,陷入片面的方法论,单独讨论孩子的发展性问题及家庭教育问题,给出绝对化的结论及方法。应以转变家长的教育观念为主,综合协调与应对影响孩子成长的各种因素,促进亲子共成长。

二、评价建议

家长教育课程项目内容具有开放性的特点。丹尼尔·斯塔弗比姆所提出的 CIPP 模式

非常契合家庭教育课程。"评价最重要的目的不在证明,而在改进。"这是这一评价模式的基本观点。我们将此模式运用于家长教育课程评价:

（1）家长教育课程的背景评价。背景评价是在特定的情况中,评估需求、问题、有利条件和机会。在评价家长教育课程的背景时,要努力回答如下几个问题:家长、学生、学校、社会对家长教育课程内容和开展形式的需求如何？家长对家庭教育中的问题的关注度、看法及目前处理水平如何？一切可以利用的专门知识和培训人员是否满足？所需资源和时机是否具备？评价方案、教学和其他服务目标是否明确？背景评价的主要功能是诊断方案实施前的准备状况,以辅助决策。

（2）家长教育课程的输入评价。输入评价阶段是确定如何运用各种资源以满足课程方案达成的重要阶段。所要回答的问题是:对哪些教学主题进行了比较、抉择？选择了哪些学习主题与方案？所选择学习主题与方案的计划、程序和预算具备哪些合理性和可行性？输入评价要充分考虑学习主题与方案所需人力、物力、财力的分配,努力形成一个最优的学习方案,避免出现无效课堂、消磨家长学习热情的现象。

（3）家长教育课程的过程评价。过程评价的本质是对方案实施过程进行监督、记录、反馈,以不断调整和改进实施的过程。该环节主要回答以下问题:学习主题是否是家庭教育中的热点、重要问题？学习过程是否能达成家长内在自我成长和外在行为变化,提高家长处理家庭教育问题的能力？学习方案实施过程是否需要调整和改进(如内容的独特性、教学策略、时间分配的合理性等)？过程评价是CIPP模式区别于传统目标模式的主要标志,强调过程评价的重要作用,在过程中发现问题,并及时做出调整与改进。

（4）家长教育课程的影响评价。影响评价即对学习主题与方案到达、影响目标受众的程度做出评价。家长教育课程最大的受益者是家长。课程对家长会产生怎样的影响,是本环节需要回答的主要问题之一。另外,家长是否意识到自身的变化与家庭问题的改进？家长教育课程对学校、培训师产生了什么影响？这些都是本环节要讨论的话题。

（5）家长教育课程的成效评价。家长教育课程对学生、家长、学校及社会的发展产生了怎样的质变,是成效评价环节所要研究的重点问题。主要回答:家长对学习主题与方案的利弊评价如何？如何鉴定家长培训后育儿胜任力的提高程度？与别处同类学习主题与方案相比,本学习方案的优劣如何？成效评价是全方位地考察与鉴定课程内容与教学方式的效用性,是判断该课程能够推广的关键一环,在这一阶段,要做出是否终止、修正或继续实施课程的决定。

（6）家长教育课程的可持续性评价。一个家长教育课程方案如果成功地被开发并执行之后,是否可以循环使用,是每一个课程开发者关心的重要问题。如果可以循环使用,就能编成家长教育课程资源包或者教材,促进家长教育课程逐步走向常态与有效实施,对课程制度发展也大有裨益。要回答的问题:家长和培训师对课程的可持续实施有何看法？哪些问题制约着课程的可持续性实施？课程可持续性实施的概率有多大？

（7）家长教育课程的可推广性评价。要使每一个家长教育课程主题与方案发挥更大的价值,就要试图将其推广至其他地域或者其他受益者。在此环节要回答的问题是:其他学校或者地区对本课程方案态度如何？课程推广地的家庭教育问题情境是否类似？能否对可推广程度进行估计？

借用 CIPP 评价模式不仅可以系统地评价课程设计、实施、成效一系列环节,增强课程评价的可操作性,还为课程评价提供了强有力的理论依据,增强了其科学性。

※ 三、课程资源开发与利用建议

家长课程是一个开放的课程体系,课程资源在人力和物力上都在不断变化。

(1)人力资源:鼓励家长参与课程资源的开发与实施,重视家长自身资源的利用,提升家长的自主学习成长能力,凸显家长作为课程主体的意识。

(2)物力资源:与家庭教育相关的纸质与网络数字资源,包括心理学、教育学、婚姻家庭学等学科的线上、线下,校内、校外资料,学校、社会提供的学习、实践、活动场所等。

作为课程开发者,我们应以儿童成长问题为核心,科学整合、优化各种课程资源,提升课程资源的科学性、实践性。

※ 四、教材编写建议

基于儿童心理健康成长的小学家长教育课程教材的编写应当以本标准为依据,全面贯彻落实本标准倡导的课程理念和课程目标,课程内容在教学过程中可根据实际情况有所侧重。

(一)教材内容的选择

1. 科学性

本标准是从儿童的发展和家长的需要出发,意在引导家长正确认识儿童身心发展的规律和家庭教育的任务,学习家庭教育的科学方法,提高教育的针对性和有效性,提升家长养育儿童的能力。教材内容的选择应当体现本标准的设计思路。

2. 实践性

教材内容的选择应遵循儿童身心发展的规律,关注童年时代的共性问题,充分考虑家长已有的知识和经验,注意与有关内容的衔接,分年龄或者分学段阐明儿童身心发展的特点,从各年龄段儿童可能出现的共性问题入手,编写出对家长更有价值,同时更加简便易行的解决方案,让家长在遇到同类问题时,可以借鉴或参考。

(二)教材的基本架构及呈现方式

课程内容以儿童生命发展为经,以家庭养育共同话题、重要话题、难点话题为纬,形成教材基本架构。呈现方式要生动活泼、图文并茂。要提出家长普遍关心、必须面对的问题,呈现经典案例,设计课堂内外教育活动,增强教材的实践特征,增强课程的可持续性和可推广性。

教材的基本架构如表 2-4 所示。

表 2-4 教材基本架构

章节序号+名称		序号	课例名称
第三章 心启航·预备课程	第一节 为人父母的 预备课程	1	原生家庭
		2	我的童年我的梦
		3	我的生涯规划
		4	我和我的 TA——让爱情保鲜
		5	夫妻相处之道
	第二节 为人父母的 角色定位	1	各年龄阶段孩子的心理特点和家庭教育
		2	爸爸的角色定位
		3	妈妈的角色定位
		4	隔代养育利与弊
		5	品质比成绩更重要
第四章 心陪伴·阶梯课程	第一节 一年级家长 课程	1	让孩子有上小学的心理准备
		2	让孩子成为生活小能手
		3	让亲子阅读成为习惯
		4	游戏中的规则
		5	专注力培养有妙招
	第二节 二年级家长 课程	1	培养孩子的时间观念
		2	做孩子合格的情绪教练
		3	让孩子品尝学习的快乐
		4	倾听是沟通的开始
	第三节 三年级家长 课程	1	生活中的挫折教育
		2	让孩子也来当"管家"
		3	共情，走进孩子内心的钥匙
		4	了解孩子的性格优势
	第四节 四年级家长课程	1	策划有趣且有意义的家庭活动
		2	与孩子探讨友谊
		3	如何让孩子保持学习兴趣
		4	让孩子自信清晰地表达
		5	培养宽容而不纵的孩子
		6	如何正确看待考试
	第五节 五年级家长 课程	1	青春期的生理和心理变化
		2	关注孩子的"朋友圈"
		3	心平气和的青春期
		4	让网络为生活和学习服务

续表

章节序号+名称		序号	课例名称
		5	一份家庭支出的账单
	第六节 六年级家长 课程	1	让梦想为人生导航
		2	说说"早恋"那点事儿
		3	和孩子一起"追星"
		4	信任在左，关爱在右
		5	小升初孩子的心理建设
第五章 心成长·订制课程		1	读懂孩子的"问题"行为
		2	当二宝时代来临
		3	三代同堂，让爱流动
		4	要给孩子配备手机吗
		5	父母如何与孩子谈论生死

课表如表 2-5 所示。

表 2-5 实施课表

(a) 上学期课表

周次	主题内容	教学对象	主题内容	教学对象
2	原生家庭	全体家长	让孩子有上小学的心理准备	一年级家长
4	我的童年我的梦	全体家长	培养孩子的时间观念	二年级家长
6	我的生涯规划	全体家长	生活中的挫折教育	三年级家长
8	我和我的 TA——让爱情保鲜	全体家长	策划有趣且有意义的家庭活动	四年级家长
10	夫妻相处之道	全体家长	青春期的生理和心理变化	五年级家长
12	各年龄阶段孩子的心理特点和家庭教育	全体家长	让梦想为人生导航	六年级家长
14	爸爸的角色定位	全体家长	让孩子成为生活小能手	一年级家长
16	妈妈的角色定位	全体家长	一份家庭支出的账单	五年级家长
18	隔代养育利与弊	全体家长	让孩子也来当"管家"	三年级家长
20	品质比成绩更重要	全体家长	与孩子探讨友谊	四年级家长

(b) 下学期课表

周次	主题内容	教学对象	主题内容	教学对象	主题内容	教学对象
2	读懂孩子的"问题"行为	全体家长	关注孩子的"朋友圈"	五年级家长	让亲子阅读成为习惯	一年级家长
4	当二宝时代来临	全体家长	说说"早恋"那点事儿	六年级家长	做孩子合格的情绪教练	二年级家长

续表

周次	主题内容	教学对象	主题内容	教学对象	主题内容	教学对象
6	三代同堂,让爱流动	全体家长	共情,走进孩子内心的钥匙	三年级家长	如何让孩子保持学习兴趣	四年级家长
8	培养宽容而不怂的孩子	四年级家长	心平气和的青春期	五年级家长	和孩子一起"追星"	六年级家长
10	要给孩子配备手机吗	全体家长	游戏中的规则	一年级家长	让孩子品尝学习的快乐	二年级家长
12	了解孩子的性格优势	三年级家长	让孩子自信清晰地表达	四年级家长	让网络为生活和学习服务	五年级家长
14	信任在左,关爱在右	六年级家长	倾听是沟通的开始	二年级家长	父母如何与孩子谈论生死	全体家长
16	小升初孩子的心理建设	六年级家长	专注力培养有妙招	一年级家长	如何正确看待考试	四年级家长

第三章 心启航·预备课程

伟大的作家列夫·托尔斯泰曾说:"幸福的家庭都是相似的,不幸的家庭各有各的不幸。"其实,每一个家庭都有其结构关系,而在所有的关系中,夫妻关系是核心。作为家长,当我们谈及子女成长问题时,更应该回归婚姻的起点,重新认知自我,审思夫妻之道,定位好为人父母的角色。因此,我们将《原生家庭》《我的童年我的梦》《我的生涯规划》《我和我的TA——让爱情保鲜》《夫妻相处之道》作为为人父母的第一次课程内容。

本章第一节主要让家长在多种体验活动中认知自我、调整自我,与家庭成员,特别是婚姻中的另一方,建立良好的亲密关系。

婚姻中主要关系得到和谐的建构后,作为父母,需要更多实践性知识来面对孩子的养育问题。本章第二节介绍了各年龄阶段孩子的心理特点和家庭教育重点,父母应正确定位角色,知晓隔代养育的利弊。

如果您是一位家长,在阅读时应该关注每一节的"课程背景",建立科学的养育观,重视实施过程中每一个启发性问题;如果您是一位家长课程授课者,在课程实施过程中,应通过文字复原教学场景,并结合自己的施教特点进行一定程度的调整。

第一节 为人父母的预备课程

1. 原生家庭

※ 一、课程背景

性格的养成可以追溯至童年,美国著名家庭治疗大师萨提亚认为,一个人和他的原生家庭有着千丝万缕的联系,而这种联系有可能影响他的一生。基于此,我们尝试引导家长对自身家庭进行反观、学习、了解,认识到原生家庭对孩子成长过程中性格及品质形成的影响。

※ 二、课程目标

1. 了解原生家庭的概念。
2. 了解原生家庭常见的四种生活态度取向及其对孩子成长过程中性格及品质形成的

影响。

3. 学习在问题情境下加强家庭成员之间的沟通,合理使用不同的方式进行有效的家庭教育。

※ 三、重点、难点

1. 重点:通过讨论、思辨活动,家长能自我反省,清楚认识到原生家庭对自己性格的影响(积极的或消极的)。

2. 难点:了解自己对原生家庭的生活态度取向及其对孩子造成的影响。

※ 四、教法、学法

心理游戏法、案例分析法、情景再现法。

※ 五、课程准备

1. 邀请父母参加活动。每个家庭3人,不超过20个家庭。

2. 活动道具:眼罩。

3. 场地:教室,将椅子围成圈。

※ 六、教学过程

(一)课前约定(2分钟)

要求家长全程将手机设置为静音模式或关机,积极参与、大胆分享。

(二)热身活动(4分钟)

所有人坐在原位,按照"×,×××,××××××"的节奏,每个小组轮流进行,可以给节奏配词。例如,"好,我很好,我真的非常好"。

家长分享感受(3~4人)。

(三)体验活动(32分钟)

体验活动一:案例分析,走近原生家庭。(6分钟)

大家都听说过来自山东青岛的女留学生江某,被刘某前男友陈某杀害的新闻。江某的善良、刘某的冷漠,她们两个人的性格和她们各自的家庭有什么样的关系?以下是刘某的独白:

网上流传,我考上了名校,但最终死在了原生家庭手里,由于国内一直对心理健康缺乏重视,传统观念下的家庭成员之间缺乏沟通,所以许多人提起原生家庭时,通常会谈起原生家庭带来的负面影响。比如我答应母亲玩到6点到家,但我在外面玩到7点才回家,母亲因此责备了我,但我并不觉得愧疚,反而觉得理所应当,因为母亲答应过我的事情也没有做到。

听完刘某的独白,你有什么想说的吗?

总结:原生家庭对我们每个人成长和性格发展会产生不可逆转的影响,它在我们漫长的人生路上始终会发挥作用。

体验活动二:观看视频,认识原生家庭。(4分钟)

观看视频。

讨论:什么是原生家庭?

总结:原生家庭是每个人的根。每个人均渴望得到爱和归属感,如果父母关系融洽,那么孩子就会茁壮成长;如果父母相互伤害,那么孩子赖以成长的树根就被无情地砍断,树上的枝叶一定会因为缺少营养而难以成长。

体验活动三:回归自身,解绑原生家庭。(12分钟)

每个小组用5分钟时间,写下你最欣赏父亲、母亲的三个优点和三个缺点。

每个小组完成后,按照讨论好的先后顺序发言。

讨论:这些优点、缺点有多少被自己继承了下来?对你的性格形成造成了什么影响?

体验活动四:情景再现,超越原生家庭。(10分钟)

情景:

现在是晚上十点,已经到了睡觉的时间。但是,孩子还是很想玩,不肯睡觉。

1. 小组讨论。
（1）你会怎么处理呢?各小组在5分钟内讨论处理方式,请组长记录下来。
（2）按照讨论好的先后顺序发言。

2. 板书总结。

把大家的处理结果总结为下面四种类型:

A. 不用管,他自己会睡的。
B. 温柔地告诉他该睡觉了,明天还要上学。
C. 直接没收玩具,示意他要睡了。
D. 不听,直接打他一顿。

不同的处理方式对孩子有不同的影响,如表3-1所示。

表3-1 不同的处理方式对孩子产生的不同影响

方式类型	具体方式	对孩子产生影响
放纵型	不用管,他自己会睡的	孩子无所谓别人的评价
劝说型	温柔地告诉他该睡觉了,明天还要上学	孩子内心接受,并更懂得和别人商量沟通,与人友善相处
权威型	直接没收玩具,示意他要睡了	孩子和伙伴交往中容易表现出不友善的一面
暴力型	不听,直接打他一顿	孩子一旦和别人发生冲突,第一反应是通过暴力解决

这些对孩子的影响是不是在我们自身与人相处时也同样出现呢?由此可见,原生家庭的"性格密码"会代代相传。

（四）课堂小结(2分钟)

每个人都有不同的故事和遭遇,无论是爱还是伤痛,家都是影响我们一生的地方。童年时在家庭中受到的影响,会延续到日后所经营的新家庭。不把成长过程中负面的影响扩及新的家庭,让家成为更温暖的地方,是人生的重要课题。

※ 七、布置作业

1．写下自己对今天课程感受。
2．记录接下来与孩子相处的一件事情，把处理过程写清楚，与另一半分享。

2．我的童年我的梦

※ 一、课程背景

每个人都有自己的童年梦。在人的一生中，童年是短暂而又珍贵的。童年的经历会影响一生。童年时形成的性格在其成人后很难改变。诸多心理学研究资料显示，人的性格定性在3~7岁。中国有句古话："三岁看大，七岁看老。"从3岁孩子的心理特点、个性倾向，就能看出这个孩子青少年时期的心理与个性形象的雏形；而从7岁孩子身上，能看到他中年以后的成就和功业。每个家长都应好好保护孩子的梦想，给予他信念与力量。

※ 二、课程目标

1．通过梳理自己的童年梦以及名人的童年梦，发现所有人童年梦的共性，通过活动认识并切身体会童年的重要性。
2．让家长理解、尊重孩子的童年梦，不以自己的梦想绑架孩子。

※ 三、重点、难点

用正确的方式保护好孩子的童年梦，给孩子一个健康幸福的童年。

※ 四、教法、学法

创设情境法、游戏活动法、案例分析法。

※ 五、课程准备

1．歌曲《童年》《青春修炼手册》《我只是个孩子》《凡人歌》《不忘初心》，以及伴奏轻音乐、PPT。
2．家长调查问卷。
3．采访并录制孩子眼中的童年梦。

※ 六、教学过程

（一）课前约定（2分钟）
要求家长全程将手机设置为静音模式或关机，积极参与、大胆分享。
（二）热身活动（3分钟）
1．我猜，我猜，我猜猜猜——听歌识曲。
（1）播放TF boys歌曲《青春修炼手册》，猜歌名。猜对后大家一起唱。

(2)播放歌曲《童年》,猜歌名。猜对后选几人一起唱。

2. 讨论。

(1)提起童年,你想到的第一件事是什么?

(2)用图片展示不同时代的童年游戏、零食、场景。你的童年是什么样子的?

总结:不管时代如何变迁,童年都是充满回忆的,如果童年可以选择的话,每个人都会选择一个健康快乐、自由自在的童年。

(三)体验活动(33分钟)

体验活动一:今昔对比,初识童年梦想的美好。(6分钟)

1. 穿越时光,回到童年。

童年写过的作文题目:《长大后,我要做_____》《我的梦想是_____》《我的理想》

2. 你童年的梦想实现了吗?你现在的职业是_____。

3. 童年的梦想对你现在的人生有影响吗?最大的影响是什么?请写下来。

4. 现场采访家长并分享。

体验活动二:案例分享,感知童年梦想的重要。(10分钟)

案例一:
三毛的梦想是做一个拾破烂的(以爆米花游戏的形式让家长逐个读)。

我的志愿——

我有一天长大了,希望做一个拾破烂的人,因为这种职业,不但可以呼吸新鲜的空气,同时又可以大街小巷的游走玩耍,一面工作一面游戏,自由快乐得如同天上的飞鸟。更重要的是,人们常常不知不觉地将许多还可以利用的好东西当作垃圾丢掉,拾破烂的人最愉快的时刻就是将这些蒙尘的好东西再度发掘出来……

我那可爱的老师并不知道,当年她那一只打偏了的黑板擦和两次重写的处罚,并没有改掉我内心坚定的信念,许多年来,我虽然没有真正以拾荒为职业,可是我是拾着垃圾长大的,越拾越专业,这个习惯已经根深蒂固,什么处罚也改不了我。当初胡说的什么拯救天下万民的志愿是还给老师保存了。

案例二:
马云最想成为武林高手。

"梦想还是要有的,万一有一天实现了呢?"说出这句话的马云,他的童年梦想又是什么呢?

马云从小痴迷两件事:一是英语,一是武侠。长大后的马云曾公开表示过他儿时的梦想:"金庸的每部武侠书我都看过不止一遍,我的梦想就是成为武林高手。"那个时候他痴迷武侠,尤其是金庸的小说。他的偶像便是《笑傲江湖》中的风清扬,他觉得"无招胜有招"是一件最拉风的事情。而事实也证明,在马云以后的人生中,武侠也确实深深影响着他:阿里巴巴办公室以金庸小说的武林圣地命名——马云的办公室叫"桃花岛",会议室叫"光明顶",洗手间叫"听雨轩"。阿里巴巴的价值体系,先后被称为"独孤九剑"和"六脉神剑"。同时,阿里巴巴每个员工都有个"花名",均出自武侠或玄幻小说中的正面角色,花名可以剥除职位高低的权利感差异。外界戏称马云为"民间风清扬",这也是他自己选的。

自由交流:大家读完这两个案例,有什么发现?

总结:每个人的气质中,都藏着你读过的书、走过的路、爱过的人。童年的经历影响人的成长乃至一生的命运。

体验活动三：人生对比，感悟实现梦想的前提。（12分钟）

案例一：

有一对夫妻，双方工作稳定，收入颇丰。因有了一定的经济基础，他们总想好好培养孩子。妻子想："我小时候因为家里穷，买不起钢琴、古筝，也没钱去学习这些乐器，所以，自己的音乐梦并未实现，现在条件好了，有能力为女儿买任何乐器，我一定要让女儿学一样乐器，将来能在音乐方面有所成就。"于是，她先让女儿学古筝，但5岁的女儿天性活泼好动，很难规规矩矩地坐下来弹琴。所以女儿每次弹琴时都磨磨蹭蹭，任凭妈妈怎么催促，还是慢条斯理，妈妈实在忍不住了，轻轻打了她两下，孩子哇哇地哭起来，等到孩子哭够了，时间也差不多过了一个小时，练琴也就不了了之了。久而久之，家长、孩子都疲惫不堪。妈妈想，是不是女儿对古筝不感兴趣？于是又换了一个兴趣班，但是孩子还是提不起兴趣。一家人常常为了女儿上兴趣班而奔波，父母责怪孩子不听话，不懂得珍惜，女儿则对这些兴趣班充满抵触情绪，甚至反感。

故事的结局：家长最终发现了孩子的特长和兴趣，孩子最后考取了理想的大学。

案例二：

有一对夫妻，家境比较贫寒，但父母即使负债累累还是想尽一切办法，买最好的学区房，孩子学钢琴、上补习班一样不落下。有人问这位父亲为什么，他坚定地说："我小时候就是因为没有好好读书，所以没考上大学，我绝不让我的孩子将来也像我一样生活，只要孩子将来有出息，花再多的钱我也愿意。"但是当问及孩子的感受时，出乎意料的是，孩子并不快乐。因为那些选择并不是他自己喜欢的，而是父亲的选择，孩子一旦学得不好，达不到父亲的预期就备感压力，甚至陷入深深的自责、愧疚。

故事的结局：几年过去，孩子的成绩平平，孩子充满自卑感。

讨论：两对父母都倾其所有为孩子的一生作铺垫，努力筑梦，可是最后两个孩子的结局却截然不同，这是为什么呢？家长分组讨论，5分钟后汇报。

总结：家长都想为孩子打好基础，但前提是要让孩子有一个快乐的童年、健全的身心。父母不能强迫孩子做他不喜欢的事，更不能把自己当年未实现的梦想一厢情愿地要求孩子实现。这样既对孩子不公平，也不利于其身心健康，甚至还可能给孩子造成心理疾病。

体验活动四：放眼当下，传承最初梦想的力量。（5分钟）

1. 教师先分享自己孩子的梦想。

开学初，学校举办过一次《新学期，新规划》亲子课程。我和儿子有幸参加，其中有个环节问到孩子的理想。我问他："你的理想是什么？"他狐疑地看着我说："什么是理想？"于是我换了种方式问他："你长大了想做什么工作？"他了半天，最后开心地对我说："我要卖水果，做店长。"原来，小区门口有家水果店，有一次，他经过水果店的时候，特别想吃哈密瓜，他看到上面有个标牌写着："招聘店长，3000元底薪＋提成，包吃住。"当时他想，要是能当店长，他就能天天吃上最喜欢的哈密瓜了。我又问他："为什么不当店老板呢？这样你一样可以天天吃哈密瓜呀。"他直接回应："当老板要资金啊！需要资金周转的。"这下我才意识到小孩的梦想原来可以这么简单，同时也惊讶于他的小脑袋瓜想得也不少。

2. 两位家长分享自己孩子的梦想。

3. 播放视频《我只是个孩子》，看看自家孩子是如何看待"别人家的孩子"的。

4. 教师小结:"别人家的孩子"是因为有别人家的父母。当别人家父母在默默实现自己的梦想时,我们或许已经丢失了自己的梦想。所以,别轻易去责备孩子没有出息,而要时刻反问自己:我将自己梦想的力量传递给孩子了吗?

（四）课堂小结(2分钟)

一个没有梦想的人,就如同没有了灵魂,只剩下一副笨重的躯壳,生活从此失去意义。让我们从现在做起,和孩子一起挥动梦想的画笔,描绘美好的明天,乘着童年的翅膀,放飞我们心中的梦想!

※ 七、布置作业

和孩子一同创作一幅以"我的童年我的梦"为主题的画。

3. 我的生涯规划

※ 一、课程背景

"凡事预则立,不预则废",在社会竞争日趋激烈的当下,生涯规划成为越来越多人的必修课。如何对自己的兴趣、爱好、能力、价值观等进行综合分析与权衡,结合时代特点,确定最佳的奋斗目标,并为实现这一目标做出行之有效的计划,成了每位父母自身发展的当务之急。学会合理地制定生涯规划,将有助于帮助我们释放出自身的潜能,并在人生的不同阶段都活出精彩。

※ 二、课程目标

1. 通过"认识自己""我最喜欢的职业"等体验活动,让孩子了解自己的兴趣,更清楚地认识自己。
2. 通过兴趣岛体验活动,让家长学会 DISC 测评,多维度分析自己并帮助孩子了解自己。
3. 让家长在尊重孩子的兴趣爱好的前提下,给孩子生涯规划提供建议。

※ 三、重点、难点

1. 重点:引导孩子深入了解自己的兴趣,进行体验式学习。
2. 难点:引导孩子多维度地分析自己的优势、弱势,并在此基础上对自己的生涯进行规划。

※ 四、教法、学法

情境模拟法、问卷法、小组讨论法。

※ 五、课程准备

1. 邀请家长、孩子参加活动。每个家庭 1 位家长参与,不超过 20 个家庭。
2. 霍兰德兴趣倾向问卷、DISC 行为模式问卷。

※ 六、教学过程

（一）课前约定(2分钟)

要求家长全程将手机设置为静音模式或关机,积极参与、大胆分享。

（二）热身活动(4分钟)

1. 教师发给每位参与者一张16开大小的白纸,把彩色笔放于场地中央,供需要者自由取用。

2. 在8～10分钟内,每人在白纸上画一幅"自画像"。

3. 小组内交流"自画像"的含义。

（三）体验活动(32分钟)

体验活动一:写下我最爱的职业或人物。(8分钟)

1. 写下我最爱的职业或人物。

请大家写下6种截然不同的职业或者人物,同时在每个职业或人物后面用若干精简的词组写下它吸引你的原因。

职业或人物:＿＿＿＿＿＿＿＿＿＿,吸引你的是:＿＿＿＿＿＿＿＿＿＿。

家长分享。

2. 与同伴讨论以上职业或人物。

家长自主完成以下任务:

（1）怎样分类?

（2）他们具备哪些共同点? 找出共性的关键词。

（3）这说明了什么?

（4）在现实世界中寻找具备这些特征的职业。

家长分享。

引导家长理解职业兴趣的内涵。

体验活动二:回顾自己的经历。(9分钟)

（1）你担任过哪些职务? 你最喜欢哪些职务? 最不喜欢哪些职务? 为什么?

（2）你最敬佩的人是谁? 他对你的影响有哪些?

（3）你最喜欢看什么类型的杂志? 这些杂志的哪些方面吸引你?

（4）你最喜欢看哪个电视频道节目? 为什么?

（5）中学时你最喜欢哪个科目? 为什么?

（6）你的答案可以归纳成一些共性的关键词吗?

家长分享。

引导家长自觉探索自己的职业兴趣对未来职业发展的意义。

体验活动三:兴趣岛活动。(15分钟)

1. 了解兴趣岛。

创设情境:引导学生寻找6个兴趣岛。R岛:自然原始的岛屿。I岛:深思冥想的岛屿。A岛:美丽浪漫的岛屿。S岛:温暖友善的岛屿。E岛:显赫富裕的岛屿。C岛:现代、井然有序的岛屿。

2. 回答问题。

请在 15 秒钟内回答以下问题：

（1）如果你必须在 6 个岛之中的一个岛上生活一辈子，成为这里的一员，你首先会选择哪一个岛？

（2）其次你会选择哪一个岛？

（3）再次你会选择哪一个岛？

（4）你最不愿意选择哪一个岛？

选好之后，依次记下 4 个问题的答案。

3. 霍兰德兴趣倾向测评。

我们可以利用霍兰德兴趣倾向测评来印证刚才的想法。霍兰德兴趣倾向问卷一共有 60 题，做这个测试问卷是基于近况而非未来进行判断的，根据第一印象回答每一题，答案没有好坏、对错之分，不必仔细推敲，结合自己的情况，统计自己每一项得分，并在六边形上标记得分，然后把 6 个点用线连接起来，如图 3-1 所示。

分享测评结果。

4. 了解兴趣类型特点、兴趣和职业的对应关系。

详细分析 6 种职业兴趣类型的人群喜欢的活动、偏重的事物以及对职业环境的要求。共同探讨 6 种职业兴趣类型同各种专业之间的对应关系（表 3-2）。

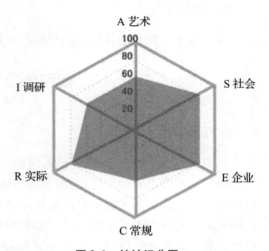

图 3-1　统计记分图

表 3-2　性格类型与专业的关系

性格类型	性格特征	适宜专业
研究型	严谨缜密、勤学好问，善于观察分析、逻辑推理，喜欢以理性思考的方式探究事物	心理学、地理科学、中医学类、中西医结合类等
社会型	热情友善、容易相处，在人与事物之间，偏爱与人打交道	法学、政治学、社会学、公安学以及工商管理、公共管理等
艺术型	敏感深刻、自由奔放，喜欢在宽松自由的环境中，借助于音乐、文字、形体、色彩等形式表达自己的感受，追求与众不同	除了艺术类专业外，还适合选择语言文学、新闻学、英语及小语种等专业
事务型	细致、严谨、自治、认真，喜欢规范明确、秩序井然的工作环境，偏爱系统性、条理性、规则性比较强的活动	教育学类、护理学类、图书情报与档案学管理类等
经营型	精明自信、乐观进取，对商业信息比较敏感，善于说服他人接受自己的观点，喜欢追求经济效益和个人成就，具有一定的组织策划能力	经济学、财政学、金融学、审计学、会计学、财务管理、管理、电子商务等
技术型	稳重踏实、崇尚实干	类专业（略）

5. 讨论分享:职业兴趣探索与职业的关系。

家长集体讨论,教师总结、分析职业兴趣对职业发展的重要推动作用,同时指明职业兴趣的可塑造性,指出家长应该具有主动适应职业的意识,热爱本职业,为职业生涯规划奠定坚实的基础,从而促进个人职业发展。

(四)课堂小结(2分钟)

马云说:"这世界上没有优秀的理念,只有脚踏实地的结果。"今天的职业规划,不仅仅是为了帮助我们指明方向,更重要的是,为了我们能拥有职业兴趣。今后我们指导孩子做职业选择时也应尊重他们的兴趣,这样才能使目标变为现实。

※ 七、布置作业

帮助孩子一起制定目标,找寻梦想,并制订相应的实施计划。

4. 我和我的TA——让爱情保鲜

※ 一、课程背景

当孩子上小学时,父母大多已经结婚7年以上,俗话说"七年之痒"。随着二人世界到三人世界甚至四人世界的变化,婚姻生活也逐渐褪去了起初甜蜜浪漫的色彩,剩下的似乎只有日常的柴米油盐。本课程主要让家长回顾婚前恋爱过程,重新找回当初恋爱的感觉,带着美好的状态来提升当下的亲密关系。健康的亲密关系对孩子的童年有着非常重要的影响,并且影响着他们未来的择偶观。在一个家庭中,夫妻关系应该排列在首位,而当下多数家庭以孩子为中心,夫妻关系缺失,这值得我们思考。

※ 二、课程目标

1. 使家长认识到夫妻关系在家庭关系中占据首要地位。
2. 通过对夫妻二人恋爱过程的回顾,重新找到当时彼此吸引的感觉,从而提升亲密关系。

※ 三、重点、难点

1. 让家长认识到亲密关系的重要性。
2. 探索维持亲密关系的方法。

※ 四、教法、学法

情境法、调查法、冥想法。

※ 五、课前准备

1. 问卷每人一份。
2. 将20张凳子摆成U型,准备姓名贴(手写,如王××妈妈)。

3. 现场提前布置好温馨场景,准备心形气球、巧克力、玫瑰花等。

※ 六、教学过程

(一)课前约定(2分钟)

要求家长全程将手机设置为静音模式或关机,积极参与、大胆分享。

(二)热身活动(6分钟)

要求家长介绍自己的家庭。例如:

大家好,我们的女儿叫王××,现在上小学三年级,这位是她的爸爸,名字叫王×,从事××工作,平时喜欢踢足球。我们夫妻今天来参加培训的目的是想提升夫妻关系,促进家庭和谐。

(三)体验活动(30分钟)

体验活动一:夫妻默契大比拼。(10分钟)

1. 发放题目。
2. 根据老师的问题在白纸上写上答案,在答题期间夫妻保持安静,不可以交流。出示问题:

A. 关于妻子的问题:

(1)妻子的生日是几月几号?

(2)妻子的星座是什么?

(3)妻子最喜欢的食物是什么?

(4)妻子最近追过的一部剧是什么名字?

(5)妻子的兴趣爱好是什么?

(6)妻子的鞋子是多少码?

(7)谈恋爱时,第一次送给妻子的礼物是什么?

(8)第一次见面时,妻子穿的什么衣服?

(9)你和妻子的结婚纪念日是哪一天?

B. 关于丈夫的问题:

(1)丈夫的星座是什么?

(2)丈夫最喜欢的食物是什么?

(3)丈夫最喜欢的体育明星是谁?

(4)丈夫的兴趣爱好是什么?

(5)丈夫的鞋子是多少码?

(6)丈夫的衬衫是多少码?

(7)丈夫的酒量是多少?

(8)谈恋爱时,第一次送给丈夫的礼物是什么?

(9)你和丈夫是在哪年哪月领结婚证的?

3. 互相批改,每题10分,计算总分。
4. 分享体验感悟。

（1）统计每个家庭的得分。

（2）颁发个人奖和家庭奖。个人奖由获胜者的配偶颁发，并说一句感谢的话。获奖者发表获奖感言。

（3）现场随意邀请一对夫妇分享。可先提问妻子，对于丈夫的回答是否满意？最开心的是他答对了哪道题目？有点不高兴的是他没有答对哪道题目？同样的问题再提问丈夫。最后让双方分别谈一谈关于整个活动的体验感受，同时问他们，当问到恋爱时期的问题时是否有一些特别的感受。

（4）邀请所有夫妻家长互相握手，并感谢对方：谢谢你，了解我！

（5）根据夫妻回答，提炼出关键的词语，并写在黑板上。

体验活动二：摄像机——闪光时刻回味。（10分钟）

1. 每人发放一张心形卡片。

2. 现场随机两两一组，可以爸爸找爸爸，妈妈找妈妈。

3. 一方按照参访清单问对方问题，另一方回答问题。问问题的一方要在心形卡片上记录下对方话语中描述配偶的一些正面积极的词汇。

4. 10分钟后互换角色。

5. 互相采访（开放式问题）。

（1）你是怎么认识对方的？

（2）然后怎么交往的？

（3）请描述谈恋爱时一件令你记忆深刻的事情。

（4）对方身上有哪些品质吸引着你？

（5）你最后如何决定TA成为你生命当中的另一半？

（6）在你确定要和TA一起组建家庭的时候，有没有畅想过未来你们的家是什么样子的？

6. 请夫妻双方分享各自的卡片，找一找共同的优点。

7. 夫妻双方在黑板上拼接展示心形卡片。

8. 询问大家在活动中的感受。

9. 请所有夫妻家长互相握手、拥抱，并感谢对方：谢谢你，让我遇见你！

10. 教师总结：回味闪光时刻的目的是希望我们通过回顾过去，把双方都带到当初那个甜蜜的时刻，让两个人在价值观层面再次产生连接。

体验活动三：时光机——八十大寿时我的他（她）。（5分钟）

1. 让时光机带领我们到达未来，畅想在对方的八十大寿上，你希望对方给予你怎样的评价。

2. 思考5分钟，每人作答。请2~3对夫妻进行分享。

3. 教师总结：刚才他们的回答就是我们在这个角色上的使命、价值以及对方对我的期望。

体验活动四：落实行动——创建爱情保鲜清单。（5分钟）

1. 头脑风暴。

在80岁还没来临前，我们可以做些什么，努力成为80岁时他（她）眼中的我呢？请大家思考，写在 N 次贴上。

2. 各对夫妻轮流分享，并将 N 次贴展示在黑板上。

3. 大家别忘了一个人，就是我们凳子名牌上的这个名字。命运让 TA 来到了我的身边，TA 此行的目的到底是什么？我们可以带给 TA 的是什么？2~3 对夫妻进行分享。

（四）课堂小结（2 分钟）

我们要把爱情保鲜清单一一付诸实践，既为我们自己，也为我们的孩子。只要努力，每个家庭都会收获更好的 TA，我们的孩子在将来也会遇到美好的 TA。

※ 七、布置作业

夫妻双方计划要共同做的 5 件事，并在一年内完成这 5 件事。

5. 夫妻相处之道

※ 一、课程背景

有些夫妻自从有了孩子，就将注意力放在孩子身上，两人基本没有单独相处的空间与时间，殊不知夫妻关系才是家庭关系的第一位。本课程旨在呼吁夫妻不忘初心，在互相理解和尊重的基础上，保持积极的生活理念，共同努力创造健康、和谐、向上的家庭氛围，将仁爱与责任的种子播撒在孩子心间。

※ 二、课程目标

1. 让家长认识到影响婚姻关系的几大因素。
2. 让家长认识到夫妻相处的好坏不仅影响着婚姻关系，还影响着整个家庭的关系，甚至影响着下一代的成长。
3. 了解日常生活中改进夫妻关系的方法。

※ 三、重点、难点

1. 重点：让家长认识到夫妻相处的好坏不仅影响着婚姻关系，也影响着整个家庭的关系，甚至影响着下一代的成长。
2. 难点：让家长了解日常生活中改进夫妻关系的方法。

※ 四、教法、学法

体验法、情境扮演法。

※ 五、课前准备

1. 邀请 5~10 对夫妻。
2. 小卡片、笔、便笺纸（事先把时间数轴打印在纸上）。

※ 六、教学过程

（一）课前约定（2分钟）

要求家长全程将手机设置为静音模式或关机，积极参与、大胆分享。

（二）热身活动（4分钟）

1.（配乐）上课前，请大家在心里默默地回想一下表白、求婚、婚宴、领证、怀孕、出生等时期两个人相处的甜蜜场景，并写在小卡片上。

2. 写完以后，试着让对方猜一猜。

3. 介绍自己在家庭生活中的包干区。

参照句型：我是×××的爸爸/妈妈，我从事×××职业，我在家主要负责×××。

（三）体验活动（32分钟）

体验活动一：甜蜜都去哪儿了？（12分钟）

结婚越久，问题似乎也越多。你觉得婚姻关系中最容易出现的问题有哪些？

出示婚姻关系八大问题：

（1）自己提升了，而对方还在原地。

（2）对方失去了吸引力。

（3）对方不了解自己。

（4）双方意见不合。

（5）第三者插足。

（6）因孩子、工作等，忽略了对方。

（7）两地分隔。

（8）家中的老人使双方关系紧张。

讨论：当出现这些问题时，我们会积极地去解决吗？夫妻相处的时间哪去了？

大家自由交流，并根据自己情况，独立完成夫妻相处时间统计图（图3-2）。

要求：在数轴上点取点位，然后将点位连线。完成后看一下自己与爱人之间独处时间的变化。

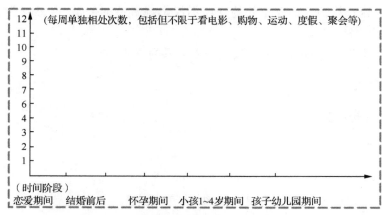

图3-2　夫妻相处时间统计图

总结：在漫长的婚姻生活中，我们因为育儿、养老、工作等种种原因，而忽视了身边那个一直携手前行、风雨同舟的人——丈夫或妻子。请现在抱抱你的爱人，跟他（她）轻轻地说一句：对不起，我应该陪伴你更多。

体验二：情境再现，共探相处之道。（20分钟）

事先写好小剧本，让一对夫妻表演5个生活情境。

（1）情境表演一：坚持"我是对的"。

（2）情境表演二："托付心态"。

（3）情境表演三：不愿讨论自己与对方的内心感受。

（4）维持"苹果皮"式的和谐。

（5）不知如何处理冲突。

表演结束后，统计曾受到伤害的人数。

讨论：该用什么方式来解决冲突呢？

总结：夫妻之间遇到问题，要多换位思考，宽容体谅对方，及时沟通，这样才能少一些误解，少一些抱怨，少一些对孩子的伤害。

最后观看视频，认识夫妻关系不和对孩子的创伤。

（四）课堂小结（2分钟）

"前世缘，今生情。""百年修得同船渡，千年修得共枕眠。"婚姻本身就是一门课程，夫妻双方要身体力行，积极探索夫妻相处之道，齐心协力为孩子努力构造一个充满爱与阳光的家庭。

※ **七、布置作业**

记录对今天课程的感受，并大声读给另一半听。

第二节　为人父母的角色定位

 1. 各年龄阶段孩子的心理特点和家庭教育

※ **一、课程背景**

根据《全国家庭教育状况调查报告（2018）》显示，13.3%的四年级学生和10.8%的八年级学生报告"我做错事时，家长总是不听解释就批评我"，10.7%的四年级学生和8.2%的八年级学生报告"家长从不认真回答我提出的各种问题"，15.4%的四年级学生和9.9%的八年级学生报告"家长从不认真听我把话讲完，总是打断我"，17.4%的四年级学生和14.4%的八年级学生报告"当我和家长有不同意见时，家长不允许我表达自己的观点"，19.3%的四年级学生和18.8%的八年级学生报告"家长要求我做某件我不愿意做的事情时，从不会向我耐心说明理由"。究其原因，有两方面：一方面，随着年龄的增长，孩子的心理发生了变化,家长要及时了解孩子不同阶段的心理特点,选择不同的教育方法,使孩子从心里乐于接受;另一方面,部分家长习惯于简单粗暴的教育方式,不尊重孩子,没有耐心,和孩子没有建立起良好的沟通基础。

※ 二、课程目标

1. 认识不同年龄段孩子的心理特点。
2. 了解不同年龄段的教育方法。
3. 帮助家长树立从孩子的角度出发的教育观念。

※ 三、重点、难点

1. 重点:认识孩子不同年龄段的心理特点,了解各个年龄段不同的教育方法。
2. 难点:让家长认识到,教育要从孩子自身出发,用"心"去教育,而不是用"脑"教育,因势利导,才能取得良好的效果。

※ 四、教法、学法

情景体验法、讲授法。

※ 五、课程准备

1. PPT。
2. 漂亮的彩纸、笔。

※ 六、教学过程

(一)课前约定(2分钟)

要求家长全程将手机设置为静音模式或关机,积极参与、大胆分享。

(二)体验活动(36分钟)

体验活动一:收获"糖弹"。(6分钟)

1. 每个家庭为一组,每个家庭成员根据需要领取做"糖弹"的彩纸,在3分钟内把对其他家庭成员赞美的话写在纸上,做成"糖弹"。
2. 3分钟后,所有人围成一圈,组内成员拉开距离,把"糖弹"抛给想要赞美的人,直到把手中的"糖弹"全部送完后,才能打开自己收到的"糖弹"。
3. 小组交流自己收到的"糖弹",并把它读出来。
4. 小组讨论。
(1)收到"糖弹"时和与家人目光接触时的感觉分别是怎样的?
(2)当你看到家人对自己的赞美词时,感觉如何?
(3)你是否还有更多的赞美词想表达?

体验活动二:理论分析,小组讨论。(15分钟)

孩子的成长分为0~3岁时期、3~6岁时期、6~12岁时期、12~18岁时期,本节课讨论的重点是 6~12 岁时期。

1. 分小组讨论:家庭教育中有哪些疑惑?孩子有哪些特点?
2. 小组发言总结归纳:

预设问题:自主意识增强;多动;叛逆;对异性好感增强;丢三落四;撒谎。

(1) 3~6 岁(学前期)。

特点:感知觉逐渐完善,好奇心强,注意力不稳定,易受外界影响。

方法:施以正确的教育,引导其形成良好的个性、品质。

(2) 6~12 岁(小学期)。

① 感知事物的特点:比较笼统,不精确。

写生字常常出现错别字,看图画时往往只看到引人注目的现象,无法看到图画中所要说明的关系。

方法:指导他们对事物进行有目的的细致观察,帮助他们从复杂的现象中区分出主要与次要,找出它们之间的联系,并注意通过音乐、绘画、书写等活动发展他们的听觉、视觉等感知能力。

② 注意力的特点:无意注意,注意力不稳定、不持久,容易被一些新奇事物所吸引。

低年级学生集中注意的时间大约为 20 分钟,三、四、五年级的学生可以连续保持注意力 30~40 分钟。

方法:指导孩子要把握好时间分寸。家长还应该有意识地培养孩子注意自己不感兴趣的事物,发展他们有意注意的能力,因为这是顺利完成学习任务的重要心理品质。

③ 记忆的特点:以机械记忆为主。

低年级学生在识记教材时多是逐字逐句反复诵读,将它原原本本地背下来。这一方面是因为他们的抽象思维能力比较差,另一方面是因为他们还不善于运用语言文字表达自己的思想。

方法:要充分发挥小学生机械记忆力强的特点,让他们多读一点,多记一点,增长他们的知识;同时还要注意培养他们意义识记的能力,使学生在理解教材的基础上,用自己的语言复述课文大意,教会学生有效的识记方法。

④ 思维的特点:从形象思维为主逐步向抽象的逻辑思维过渡。

他们容易理解和记忆具体形象的东西,抽象逻辑思维较差。

方法:家长要充分利用直观的教具、形象化的语言和儿童已有的经验,采用比较、分析、综合的方法,注意启发学生思考,逐步培养孩子的逻辑思维能力。这个时期的孩子好奇心强,喜欢提"为什么"。家长应鼓励孩子发扬这种勤学好问、喜欢探索的精神,并积极引导,耐心教育,培养孩子独立思考的能力和刻苦钻研的精神。

⑤ 情感表现:以喜、怒、哀、乐直观表现为主。

高兴就笑,不高兴就容易哭,也容易变,"破涕为笑"是常有的事。

方法:家长要培养他们健康高尚的情感,如对祖国、对社会主义制度的热爱,对党的热爱,对英雄模范人物的热爱。在小学生的身上,当孩子表现出某些消极的情感,如狭隘、嫉妒、自满等时,家长要随时注意引导学生克服这些消极情绪。

⑥ 意志力薄弱,主动性、坚持性差。

做事情时常常需要教师和家长严格要求或鼓励,才开始行动。
方法:要严格要求孩子认真地完成作业,不溺爱和娇惯他们。

体验活动三:案例分析。(15分钟)

分享家长在孩子注意、意志、情感、思维方面的成功案例。

孩子的图书越来越多,家里的书柜已经不够用了,需要添一只新的书柜。我在超市里买了一只组装小书柜,并建议孩子自己动手组装。我给了她工具(没有告诉她怎么拼装),她就开始组装了。

晚饭的时候到了,我让她停下手先吃晚饭,她回答等装好了再吃。我一边吃饭一边看她在客厅里忙活,大约十分钟后,她说:"木板太重了,螺丝又很难拧,干活很费力,开始没注意木板与木板的接缝,现在要重新返工。"她感到自己笨手笨脚的。"要是老板雇佣我这样的员工,企业一定要亏损的,我一定要被老板炒鱿鱼的。"我立即提醒她,企业招收的新员工有三个月的试用期,又开玩笑说:"要是你爸爸的公司招得到像你这样又聪明又肯吃苦的员工,妈妈会高兴坏了。"当她拧第三颗螺丝时,因手劲太大,木板有些损坏,她着急地叫起来:"完了,我把它弄坏了!"我走近一看,没大碍,安慰她说:"别紧张,只管放手干,如果真的弄坏了,妈妈再给你买一个。"我吃完晚饭后,她还在努力组装。再次提醒她吃晚饭,她坚持要组装成功再吃饭。我也不再坚持,出去忙自己的事去了。

等我忙完事情回到家,出人意料,小房间宽敞了很多,地板擦得很干净,书桌上放着整齐的文具,装好的小书柜放在一个最合适的位置,书柜里放着许多书,墙上还贴了她自己的画作。我真心地夸她聪明、能干。为组装书柜,孩子直到七点半才吃上晚饭。

通过这件小事可以看出:当孩子遇到挫折时,父母对她的引导、鼓励非常重要。

总结:孩子接受了什么样的教育,将来就会有什么样的生活和事业。家长是孩子的第一任教师。有位家庭教育专家说过:没有成功的子女,就没有成功的人生。优秀孩子的背后一定有优秀的教育方法。没有教育不好的孩子,只有没掌握好教育方法的家长。我们要与孩子牵手共成长!

(三)课堂小结(2分钟)

家庭教育是一门学问,孩子成长是一个复杂的过程。父母应该树立科学的教育理念,常学习,多沟通,充分了解和尊重孩子的心理特点和兴趣,只有找到适合孩子的教育方法,才能取得良好的教育效果。

※ 七、布置作业

阅读一本讲述孩子心理特点的书。

2. 爸爸的角色定位

※ 一、课程背景

早在2003年,广州的一项调查结果显示,家教中父亲角色缺位问题突出。在"每天与孩子交谈沟通的时间"问题上,母亲"没时间、无法交谈"的有29%,而父亲则高达56%。2005

年,《青岛日报》刊登了一篇题为"打造父爱这一节链条"的文章。文章中一项针对小学生的调查结果显示,75%的父亲每周与孩子相处时间少于20小时。2012年,黑龙江绥化地区关于"绥化地区父亲参与早期教育情况"的调查分析发现,63%以上的父亲从不参与孩子的学习事务,56%以上的父亲和孩子的关系"冷淡"。

遗传学家认为,父亲在孩子的性格形成过程中扮演着重要的角色。性格的形成虽然有一定的先天因素,但主要受后天的影响,而且爸爸的影响力大过妈妈。研究显示,长期拥有父亲陪伴的儿童具有更加积极的性格;相反,那些长期没有父亲陪伴的儿童容易产生自卑心理。因此,父亲的作用是十分重要的,尤其是正处在身心发育关键期的儿童,如果不能得到父亲的关怀与细心的呵护,将会产生严重的心理问题。

※ 二、课程目标

1. 通过活动,让家长明白爸爸这个角色在家庭中的重要性,意识到爸爸应该承担的责任。
2. 让爸爸学会与孩子沟通的有效方法。

※ 三、重点、难点

1. 重点:让家长明白爸爸这个角色在家庭中的重要性,意识到爸爸应该承担的责任。
2. 难点:让爸爸学会与孩子沟通的有效方法。

※ 四、教法、学法

情境体验法、谈话法。

※ 五、课程准备

PPT。

※ 六、教学过程

(一) 课前约定(2分钟)

要求所有爸爸们全程将手机设置为静音模式或关机,积极参与、大胆分享。

(二) 体验活动(30分钟)

体验活动一:你说我说。(5分钟)

(1) 我理想中的爸爸是(   )。
(2) 爸爸对我影响最深的方面是(   )。
(3) 我的爸爸是一个(   )的人,我与他的关系(   )。

展开讨论,轮流发言。

体验活动二:案例分析。(10分钟)

晓丽,高二女生,小时候父母离异,母亲含辛茹苦把她抚养长大。在学校里,晓丽性格比较孤僻,没有什么朋友,她以前学习较认真,但自从早恋之后,就自暴自弃,经常旷课。

讨论:这个案例带给我们什么信息?

体验活动三:情景表演《等待爸爸回来的孩子》。(10分钟)

宝宝今天考试得了第一名,他满心欢喜地等待爸爸回来夸奖他一番。

他等到做完作业,爸爸没有回来;

他等到吃完饭,爸爸没有回来;

他等到上床睡觉,爸爸还是没有回来;

终于爸爸回来了,他已经睡着了,床头放着一张批着满分的试卷……

讨论:作为家长,你内心有怎样的感受?作为孩子,你内心有怎样的感受?

总结:孩子得了第一名后,一心一意地等爸爸归来,希望得到爸爸的认可和表扬,但是爸爸由于工作的原因,很晚才回家,伤害了孩子纯洁幼小的心灵。

体验活动四:派送秘籍。(5分钟)

如何做一个称职的好爸爸:

多花时间陪孩子;

以身作则;

全家共进晚餐;

经常赞美孩子;

尊重孩子的母亲;

定下规矩,奖罚分明;

做个亲切有耐心的老师;

陪孩子读书。

(三)实践运用。(8分钟)

1. 现场操练:爸爸与孩子沟通。
2. 分享收获。

※ **七、布置作业**

1. 与家庭成员分享上课的收获。
2. 起草一份约定,贴在醒目的位置。
3. 记录一周内执行约定的情况。

3. 妈妈的角色定位

※ **一、课程背景**

新时代的女性承载着越来越多的社会职能,如何平衡家庭、孩子和事业,是每一个职场妈妈都需要思考的问题。其实,有事业心的不仅是职场妈妈,还包括全职妈妈。调查结果显示,六成全职妈妈希望重新走入职场。"经济压力""不希望与社会脱节""实现自我价值",都是她们想要重新工作的原因。随着女性受教育程度的不断提升,她们期待实现个人价值,更大程度地参与社会经济活动。

※ 二、课程目标

通过学习,让妈妈们转变思想观念,认识到自我成长对孩子的重要性。

※ 三、重点、难点

1. 重点:让妈妈们认识到自我成长的重要性。
2. 难点:摒弃老旧观念,能紧跟新时代步伐,转变思想,并付诸实践。

※ 四、教法、学法

问题发现法、谈话法。

※ 五、课程准备

PPT、纸笔。

※ 六、教学过程

(一)课前约定(2 分钟)

要求所有妈妈们全程将手机设置为静音模式或关机,积极参与、大胆分享。

(二)体验活动(38 分钟)

体验活动一:做手指操小游戏。(3 分钟)

游戏规则:将胳膊架于胸前,大臂与小臂垂直,两手握拳。

第一步,左手和右手握拳,将两手食指伸直相对,口中单说一个字"手"。

第二步,左手和右手继续握拳,两手食指垂直指向天空,口中单说一个字"指"。

第三步,左手和右手继续握拳,两手食指恢复相对,口中单说一个字"操"。

第四步,左手和右手继续握拳,手臂举过头顶,两手食指垂直指向天空,口中单说一个字"嘿"。

第五步,重复两遍以上四步手指动作,"我们一起手指操,嘿",八个字各对应一步动作。

学习互动手指操,并和孩子一起互动,增进亲子关系。

体验活动二:写下妈妈的"最重要"。(10 分钟)

1. 6 人一组,每人发一张纸和一支笔。
2. 每人写下自己认为的生命中最重要的五样东西,小组内先做交流。
3. 假如要从五样东西中划去一样东西,自己首先划去哪一样?划去的理由是什么?就这样依次再划去另一样……直到最后还剩一样。
4. 小组交流划去的顺序和理由,全班分享自己做出留与舍决定时的心理感受。

体验活动三:聊一聊我的妈妈。(15 分钟)

1. 思考:你属于哪种类型的妈妈?你理想中的妈妈是怎样的?你的妈妈是一个怎样的人?你与她的关系如何?妈妈对你的人生影响有哪些?你的身上会有妈妈的影子吗?

家长分组讨论发言。

总结:列举安逸型、控制型、取悦型、力争优秀型四种生活态度取向,分析此四种性格类型对家庭教育的利与弊。

理想中的妈妈:

知心　善良　勤劳　自信　温柔慈祥
陪伴　信任　赞美　包容　善解人意
平等　支持　尊敬　开明　适当放手
大度　全能　优雅　民主　通情达理

2. 给孩子留下美好的回忆。

请妈妈们闭上双眼,想一想,从现在开始的十年后、二十年后,甚至是百年以后,你希望给儿女们留下什么样的记忆。

家长自由发言,用1~2个词语概括。

3. 观看视频《孩子眼中的好妈妈》《妈妈们的愿望》。

4. 观看视频《榜样的力量》。

如果妈妈情绪稳定,她的孩子长大后也会是情绪稳定的人。

如果妈妈多用身体语言,她的孩子长大后也会是善于使用身体语言的人。

如果妈妈热爱阅读,她的孩子长大后也会是热爱阅读的人。

如果妈妈给孩子无条件的接纳和爱,她的孩子长大后会是有归属感的人。

如果妈妈爱孩子的爸爸,她的孩子长大后也会拥有幸福的家庭。

如果妈妈少说教,多示范,她的孩子会是注意细节的人。

如果妈妈祝福而不是担心孩子,她的孩子会是自信的人。

如果妈妈接纳和欣赏自己,她的孩子长大后也会接纳和欣赏自己。

如果妈妈有正面诠释人生、感知幸福的能力,她的孩子长大后也会是幸福的人。

如果妈妈有自己的生活,她的孩子长大后也会为追求自己理想的生活而奋斗不止。

总结:父母是天然的教师,生活是最好的教育。妈妈应该注重建立有如下特点的家庭环境:有高尚的精神情趣,有浓厚的学习氛围,有团结、和谐、平等的家庭关系,有良好的教养态度,有严格的生活制度,有勤俭朴素的生活作风和干净、整洁的居住环境。

体验活动四:介绍名人故事。(10分钟)

别把劲儿都使在孩子身上——杨澜作为妈妈的角色定位

很多女性自从做了妈妈以后,就把精力和金钱都投入孩子身上,自己节衣缩食,用省下来的钱给孩子报各种兴趣班,买各种玩具。从不在自己的学习和提升上花时间和金钱,从不懂得自己追求、享受人生。久而久之,当孩子慢慢长大,到了一定的阶段,当孩子需要跟他最亲近的人进行思想的碰撞和交流时,当孩子的思辨能力开始产生时,当他更需要一个有实力的伙伴时,这样的只能给孩子带来吃喝玩乐的妈妈就自然而然地和孩子的互动会越来越少。

杨澜,既是一名资深传媒人,也是一双儿女的母亲,她的智慧和练达,不仅体现在成功的事业上,更反映在对子女的养育上。她说,做父母并非易事,身教比言传更有说服力,别把劲儿都使在孩子身上,如果自己充实、快乐,有责任感,有情绪管理能力,孩子会模仿你的。最重要的是让孩子看到父母如何做人!

"作为一名职业女性,我也曾困惑于如何平衡工作和生活。每次收拾行李准备出差时,就觉得做了一件特别对不起孩子的事。经过一段时间的思考,我觉得对一个孩子而言,更重要的是看到母亲和父亲如此享受自己的工作,享受自己的人生,他们如此充实,见到这么大的世界,带回来这么有趣的故事,而且他们能够在孩子遇到困惑的时候给予一些指导。"

"无论是常年在外忙碌的父亲,还是能够多花时间陪伴孩子的母亲,最重要的是让孩子看到你是一个充分享受人生的人,尤其是作为一名母亲,首先应该过非常充实和快乐的生活,让孩子们知道:这样的人生是可以做到的。"

家长发言,谈一谈收获。

※ 七、布置作业

设立自己的人生规划,和孩子一起学习。

4. 隔代养育利与弊

※ 一、课程背景

如今,很多父母由于工作或其他原因,把孩子交给爷爷奶奶抚养。中国科学院心理学研究所博士生导师王极盛认为,做家长的,特别是隔代家长们的素质远远落后于时代发展和孩子成长的需求。王极盛在数万人中做的一项调查表明,95%以上的家长没有学习过如何教育子女这门学问,其中,隔代家长的比例接近100%。长远来看,隔代教育弊大于利,但也不能对此全盘否定。我们应该清楚地认识到隔代教育的利与弊,在发挥其教育优势的同时,克服种种负面影响,使孩子现有的家庭教育状况得以改进,让孩子快乐、健康地成长。

※ 二、课程目标

1. 让祖辈们认识到自己平时在教育孩子方面的优缺点,并能对不足的地方加以改进。
2. 让家长认识到教育需要父母和祖辈的相互配合,并有各自的定位。
3. 帮助更多的祖辈们成为与时俱进的合格家长,让隔代教育成为"特色教育",学校、社会与家庭相互配合,合力打造新式的隔代教育。

※ 三、重点、难点

1. 重点:让祖辈们认识到运用自身的优点来教导孩子的重要性。
2. 难点:规避隔代教育的不利因素,使孩子现有的家庭教育状况得以改进。

※ 四、教法、学法

创设情境法、问题发现法。

※ 五、课程准备

PPT、彩色笔和16开白纸。

※ 六、教学过程

（一）课前约定（2分钟）

与小朋友约定：认真倾听，积极参与，大胆分享。

与父母或祖父母约定：全程将手机设置为静音模式或关机，积极参与、大胆分享。

（二）体验活动（38分钟）

体验活动一：展示孩子眼中的"全家福"。（10分钟）

1. 主持人发给每个孩子一张16开大小的白纸，把彩色笔放于场地中央，供需要者自由取用。
2. 限定10分钟，请孩子在白纸上画一幅"全家福"。
3. 以家庭为单位分组，小组内交流全家福上每个家庭成员的形象、含义。
4. 分享典型案例。

体验活动二：互动活动。（10分钟）

1. 分组，各小组成员交流。自己平时在家里负责哪些工作以及孩子的优点和缺点。
2. 总结：隔代教育一般有如下四种类型。

类型一：过分关注型。孩子能自己做的，祖辈们为其代劳。

类型二：过分监督型。什么事情都要督促孩子，经常检查孩子的行为。

类型三：严厉惩罚型。对孩子的批评多于鼓励，责罚多于奖励。

类型四：民主、温暖和理解型。数量相对很少。

隔代教育一般有如下优点：

祖辈家长有较多的育儿经验，有充足的时间和足够的耐心；由于祖孙的血缘关系，老人会本能地对孙辈产生慈爱之心，这就有了隔代育儿获得成功的心理基础；多数祖辈家长常有一种儿童心理，特别喜欢和小孩玩乐，祖孙间极易形成融洽的关系，这为祖辈们教育孩子创造了良好的机会和条件；祖辈们丰富的生活知识和深厚的人生阅历为教育孩子提供了资本和权威性。

然而，由于祖辈们受历史条件和自身年龄的局限，在教育孩子的问题上，不可避免地存在一些不利因素，我们应该有清醒的认识。

体验活动三：聊一聊隔代教育的不利因素。（10分钟）

（1）隔代教育具有如下不利因素：祖辈们容易溺爱孩子。多数祖辈家长常有一种因自己年轻时生活和工作条件所限没有给予子女很好的照顾，而把更多的爱补偿到孙辈身上的想法。这种想法往往导致"隔代惯"的现象。祖辈们对孙辈们疼爱过度，处处迁就孩子，容易造成孩子任性、依赖性强和生活自理能力低下。还有一些祖辈们因过度疼爱孩子而"护短"，致使孩子的弱点长期得不到矫正。

（2）祖辈们思想观念陈旧。许多祖辈家长仍用陈旧观点要求孩子，凭过去的经验教育孩子，孩子缺乏开创性精神和发散性思维的培养。

（3）隔代教育造成孩子与父母的感情隔阂。祖辈们对孙辈们的溺爱和护短，造成孩子很难接受其父母的严格要求和批评，孩子容易产生对立情绪，使正常和必要的教育难以进行。

体验活动四：达成共识。（8分钟）

大家集思广益，达成共识：

（1）培养孩子基本的生活能力。

（2）为孩子的学习创造良好条件，帮助孩子养成良好的学习习惯，配合学校教育工作的正常进行。

（3）培养孩子锻炼身体的意识，保障孩子的身体健康。

（4）帮助孩子树立正确的人生观和价值观。

※ 七、布置作业

1. 课后，把所思所想记录下来。
2. 每人交一份上课心得，爷爷奶奶可以口述，让家人代写。
3. 及时把问题分享在群里，共同寻找解决办法。

5. 品质比成绩更重要

※ 一、课程背景

根据10～15岁学生的问卷调查发现，家长对孩子关注的重点依次是学习情况（79.9%）、身体健康（66.5%）、人身安全（52.2%）、日常行为习惯（18.7%）、心理状况（11.1%）、兴趣爱好或特长（7.1%）。但孩子最希望家长关注自己的兴趣爱好或特长、心理状况、身体健康，其比例分别为60.3%、39.9%、38.4%。

如今，家长为孩子报名参加了各式各样的辅导班、兴趣班，孩子们的思想包袱越来越重。家长在抓孩子学习成绩的同时，是否忽视了什么？家长该避免哪些问题？

※ 二、课程目标

1. 让家长发现自己的优秀品质以及孩子的优秀品质。
2. 让家长意识到品质比成绩更重要，成绩不代表一切。

※ 三、重点、难点

1. 重点：让家长发现自己以及孩子身上的优秀品质。
2. 难点：如何让孩子德才兼备。

※ 四、教法、学法

案例法、讨论法。

※ 五、课程准备

PPT、16开白纸、大头针若干、背景音乐。

六、教学过程

(一)课前约定(2分钟)

要求家长全程将手机设置为静音模式或关机,积极参与、大胆分享。

(二)体验活动(38分钟)

体验活动一:背后留言。(8分钟)

1. 主持人首先公布活动规则:每个人在16开白纸的最上面一行写下自己的姓名和对留言者说的一句话,大家相互帮助,用大头针把纸固定到自己的后背上。
2. 组员互相在后背的白纸上写留言。
3. 10分钟后拆开背后的纸条,看看别人对自己的评价。
4. 分享"背后的留言"。
(1)人们因什么而欣赏你?因什么而不欣赏你?你认同别人的评价吗?
(2)哪些评价让你感到新颖、好笑而又确实符合自己?
(3)你有没有发现自己潜在的优势或特长?
(4)这个游戏带给你哪些感受?

体验活动二:分组讨论。(20分钟)

1. 说说你和孩子具有哪些优秀品质。比如,具有责任感、自律、合作、开放思维、善于客观地思考、尊重自己和他人、富有同情心、愿意接纳自己和他人、热爱生活、好学、礼貌、诚实、能自我控制、耐心、具有幽默感、关心他人、智慧、正直……
2. 你认为具备哪些品质的人是最受欢迎的人?

一个人真正的资本不是美貌,也不是金钱,而是人品。好人品是一个人最宝贵的财富,是一个人的黄金招牌。

3. 播放视频——上海复旦大学投毒事件,然后大家讨论。

体验活动三:分享观点。(10分钟)

1. 提出问题。

在小学阶段该培养孩子哪些优秀品质?如何培养孩子的优秀品质?

2. 分享观点。
(1)培养孩子的自信心:善于发现孩子的天资和才能,有意识地去引导他们、鼓励他们,培养他们的自信心。
(2)培养孩子的同情心:多数孩子对别人所遭受的痛苦抱有同情心。
(3)培养孩子的灵活性:无论是当今社会还是未来社会,灵活的应变能力都是社会必不可少的品质。

罗斯福说过:"有学问而无品德如一恶汉,有道德而无学问如一鄙夫。"古人云:"德者才之王,才者德之奴。"可见人品是何等重要。

七、布置作业

找一找家庭成员中的每个人的优秀品质(不低于3个),把它记录下来,贴在家里比较醒目的地方。

第四章 心陪伴·阶梯课程

小学阶段是每个人童年的重要组成部分。六年是漫长的,因为在所有的学段中它持续的时间最长;六年也是短暂的,因为生命在此刻迅速成长着。当今,在学业压力下,儿童行为问题、学业问题频发。帮助儿童身心健康成长,需要家长有效的陪伴。

本章共六小节,围绕各年级儿童面对的关键问题开展专题授课。

在一、二年级学生家长课程中,家长将会学习如何帮助孩子做好入学适应工作,培养孩子的自理能力和良好的学习习惯,关注儿童规则感、专注力和倾听习惯的培养,提高儿童时间管理和情绪控制的能力。

在三、四年级学生家长课程中,针对儿童频发的考试焦虑、做作业磨蹭马虎、抗挫折能力薄弱等成长问题,设计相关课程,帮助家长、儿童轻松面对成长的烦恼,建立良好的亲子关系,培养儿童积极健康的心理品质。

在五、六年级学生家长课程中,带领家长帮助孩子迎接青春期的挑战,做好小升初衔接,开展信息素养教育,提升自我,让家长学会做孩子成长路上的导师。

第一节 一年级家长课程

1. 让孩子有上小学的心理准备

※ 一、课程背景

孩子告别幼儿园进入小学,其心理、思维、人际交往等各方面都需要一个适应的过程。小学生的活动方式、生活规律、周围环境与幼儿园有很大的不同,这些都使儿童感到不适应。有一项专门针对幼升小儿童的调查显示,上课不能专心听讲的儿童占调查总数的46%,家长应该相应地做好心理准备,有意识地培养孩子静心听讲的好习惯,帮助孩子平稳地渡过这个时期。

※ 二、课程目标

1. 帮助家长学会控制情绪的方法。

2. 让家长学会通过日常惯例表,来让孩子养成良好的学习生活习惯。

※ 三、重点、难点

1. 通过体验式活动,让家长了解一年级孩子的心理特征。
2. 让家长学习和善而坚定地教导孩子自律的方法。

※ 四、教法、学法

在教学中,创设体验情景,让家长和孩子在活动过程中积极参与,将心理训练活动、心理体验与心理知识的讲授融为一体,使参与者在领悟的基础上,了解心理学理论,并运用所学的心理调节方法,解决心理困扰,提升心理素质,为孩子更好地融入小学生活做好心理准备。

※ 五、课程准备

多媒体、话筒、音响、七巧板、黑板、PPT。

※ 六、教学过程

(一)课前约定

要求家长全程将手机设置为静音模式或关机,积极参与、大胆分享。

(二)热身活动(5分钟)

让每一位家长介绍一下自己的孩子,说出孩子的优点和缺点,并用最简短的语言说出孩子的烦恼。

(三)体验活动(20分钟)

体验活动一:参与沟通体验。(6分钟)

每组选出三位家长组建一个临时家庭(其中一位扮演家长,另外两位扮演孩子)。家长把看到的七巧板拼图的样子告诉孩子,孩子要按照家长说的把拼图拼出来。

运用三种不同的沟通方式,看看效果有何不同。

第一种:家长可以指挥,孩子之间可以相互交流,但孩子不允许向家长提问。

第二种:家长指挥,不能看着孩子;孩子之间不允许相互交流,孩子不允许向家长提问。

第三种:家长指挥,孩子之间可以相互交流,也可以向家长提问。

请家长和孩子分别分享一下自己在活动中的经验。

讨论:家长的哪些行为可以促进沟通?孩子的哪些行为可以促进沟通?什么样的沟通方式最有效?

总结:沟通主要有五种方式,即指责型、讨好型、打岔型、超理智型(单向沟通)、一致型(双向沟通)。

父母与孩子平时应注意双向沟通。双向沟通时,要关注眼睛,并不断地用点头或微笑给予回应。家长不要去纠正、说服孩子,或者转变话题;不应只让孩子一个人滔滔不绝地说,应轮流分享。

体验活动二:巧用情绪红绿灯。(7分钟)

完成下列排序题。

在和孩子沟通时我生气了,我应该:_____→_____→_____→_____。

A. 了解生气的原因是出于什么考虑
B. 寻找积极的沟通方法
C. 了解我生气的表现形式是什么
D. 放松自己的紧张情绪

讨论:愤怒的情绪在沟通过程中有哪些负面影响?当你愤怒时,会有哪些表现?为什么有时会生孩子的气?如何不带愤怒情绪地积极正面地回应孩子呢?最后每组由一位家长负责总结。

上面排序题正确的答案为:了解我生气的表现形式是什么→放松自己的紧张情绪→了解生气的原因是出于什么考虑→寻找积极的沟通方法。当和孩子发生冲突时,我们可以用红绿灯的步骤来处理。红灯:先停下来,听听孩子在讲什么。黄灯:了解我此时在想什么。绿灯:独自或与孩子一同面对。警察:寻求家庭其他成员、老师、朋友等的帮助。可与孩子一同按照以下六个步骤操作:①共同寻找问题在哪。②主动参与探讨各种可行的方法。③判断各种解决方法的利弊。④决定哪种方法较合适。⑤按照商定的方法实践。⑥针对实施效果进行评估。

体验活动三:制订日常惯例表。(7分钟)

家长和孩子共同制订日常惯例表。日常惯例表可以在家庭会议上制订,也可以在与孩子解决问题时制订。

总结:制订日常惯例表,可以让孩子们尽快适应规则化的学校生活,有助于孩子良好行为的养成。

(四)实践运用(10分钟)

1. 案例一:

一天,孩子回到家,边哭边诉说被老师严厉地批评了一顿,原因是上课时她转到后面跟同学说话,她觉得很委屈。

家长1:反复告诉孩子:"你这样的行为确实是不对的!老师对你严厉是对你负责。我小时候的老师比你遇到的老师还要凶!"

家长2:给孩子一个拥抱,倾听她的哭诉,不评价事情的对与错,只作情绪的引导。等孩子哭诉完,问孩子接下来决定怎么做。

2. 案例二:

孩子的第一次数学考试考了班级倒数几名,而考前孩子还信心满满地说这次考试要拿满分。

家长1:生气地对孩子说:"你居然能把四道题连着看错!读题都没读清楚就急着写答案了!没收《爆笑校园》了,等到寒假再还给你!太影响学习了!"

家长2:我能感受到你现在心情不是很好,你下次更努力点就行了。这次我们来好好找找做错题的原因吧。经过这次考试,你有什么感受?你的决定是什么?

(五)课堂小结(5分钟)

孩子上小学后,父母要多关注孩子的生活和情绪,为孩子打下坚实的人生基础。父母要调整好自身的心理状态,检视一下是不是因为夫妻关系紧张或者和其他家庭成员之间存在矛盾而影响了孩子。只有父母自身处于平和的状态,才能帮助孩子顺利度过人生最重要的小学时期。

※ 七、布置作业

1. 与孩子共同谈一谈幼儿园与小学生活的不同,并畅想小学生活。
2. 上完这节课,你有哪些帮助孩子调试好内心的方法?可以与家人分享、交流。

2. 让孩子成为生活小能手

※ 一、课程背景

经常听到一些关于孩子因为生活自理能力不够强而给生活带来很多不便的事情,这和父母缺乏培养孩子生活自理能力的意识和行为有关。如今的家庭构成大多是四老二青一小,孩子是家庭的核心,是家长的掌中之宝。家长对独生子女的过度爱护,使孩子成了温室里的花朵,经不起风吹雨打。

有研究显示,大多数小学低年级学生不能独立完成自我服务性劳动,往往需要家长的帮助才能完成;有的学生"饭来张口,衣来伸手";有的学生上学迟到,不找自己的原因,反而埋怨家长,甚至发脾气。

※ 二、课程目标

让家长们重视对孩子生活自理能力的关注和培养。

※ 三、重点、难点

帮助家长掌握培养孩子生活自理能力的方法。

※ 四、教法、学法

案例教学法。

※ 五、课程准备

打印桌牌、PPT。

※ 六、教学过程

(一)课前约定(2分钟)

要求家长全程将手机设置为静音模式或关机,积极参与、大胆分享。

(二)热身活动(6分钟)

1. 家长自我介绍。
2. 孩子生活能力小调查。要成为生活小能手,需要具备哪些生活能力呢?在5分钟内思考或者互相讨论一下,然后汇总分享。

(三)体验活动(32分钟)

体验活动一:案例分享体验。(10分钟)

提问:在座各位的孩子有没有不能自己独立吃饭、穿衣的?

讨论:有些孩子上小学了,还要家人喂饭;还有些孩子上大学了,脏衣服还要带回家让妈妈洗,你对这类事情怎么看?

体验活动二:阅读历史故事,分享体验。(10分钟)

东汉时期有个人叫陈蕃,他学识渊博,胸怀大志,少年时代发奋读书,以天下为己任。一天,他父亲的一位老友薛勤来看他,见他独居的院内杂草丛生、秽物满地,就对他说:"你怎么不打扫一下屋子,以招待宾客呢?"陈蕃回答:"大丈夫处世,当扫天下,安事一屋乎!"薛勤当即反问道:"一屋不扫,何以扫天下?"陈蕃听了无言以对,觉得很有道理。从此,他开始注意从身边小事做起,最终成为一代名臣。

《弟子规》中说:"房室清,墙壁净,几案洁,笔砚正。"意思是说:书房要整理清洁,墙壁要保持干净,读书时,书桌上笔墨纸砚等文具要放置整齐,不得凌乱,触目所及皆是井井有条,才能静下心来读书。

讨论:该故事给我们什么启示?

体验活动三:圆桌大讨论。(12分钟)

讨论:影响孩子生活自理能力的因素有哪些?孩子的生活能力应如何培养?

总结:孩子自理能力差的主要原因有以下几种。

① 家庭成员的溺爱包办。

② 孩子没有掌握自理的方法和技能。

③ 孩子缺少反复练习的机会。

提高孩子生活自理能力的方法有以下几种。

① 不要溺爱,不要包办,大胆放手。

② 不怕麻烦,认真指导,多多鼓励。

③ 给孩子机会,让孩子反复锻炼,熟能生巧。

家长应给孩子表达的机会,他才会开口;让孩子体验冷暖,他才会冷暖自知;让孩子了解时间,他才会合理使用时间;让孩子独立思考,他才能有独立的行动。

※ 七、布置作业

1. 观看《容易的生活》短片,并撰写心得。

2. 分享一个你身边遇到过的因为生活能力欠缺而对成人后的工作、生活、人际等产生不良影响的一件事。

3. 让亲子阅读成为习惯

※ 一、课程背景

小学生阅读存在着两种现象:一种是不想读书,因为没有品尝到阅读的快乐,孩子没有阅读的欲望和兴趣;一种是不会读书,无选择地读书。我们应该培养孩子良好的阅读习惯,让阅读成为家庭生活的一部分。

※ 二、课程目标

1. 通过活动,让孩子对阅读产生兴趣。
2. 制订阅读计划,让孩子养成每天阅读的习惯。
3. 示范亲子阅读,让家长和孩子从中学到阅读的不同方式。

※ 三、重点、难点

1. 重点:帮助家长认识到进行亲子阅读的原因和重要性。
2. 难点:帮助家长引导孩子阅读不同类型的书籍。

※ 四、教法、学法

问卷调查法。

※ 五、课前准备

PPT、视频、绘本《生气汤》。

※ 六、教学活动

(一)课前约定(2分钟)

1. 与小朋友约定:谁说话时看着谁,坐端正、不乱跑、举手发言。
2. 与父母约定:全程将手机设置为静音模式或关机,积极参与、大胆分享。

(二)热身活动(10分钟)

游戏规则:设定4的倍数代表"中国",轮流说数字,当说到4的倍数时要换成"中国",错误的人出局(图4-1)。

(三)体验活动(20分钟)

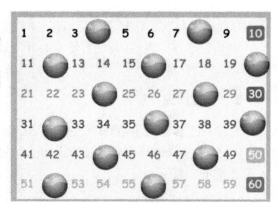

图4-1 热身游戏"轮流说数字"

体验活动一:阅读小调查。(8分钟)

提问:你经常给孩子买什么类型的图书?在家中是谁在陪孩子阅读呢?

讨论:为什么要进行亲子阅读?如何进行亲子阅读?父母的角色定位是什么?

总结:亲子阅读最大的秘诀是建立"阅读文化"。若爸爸看视频,妈妈刷朋友圈,却要求孩子乖乖读书,孩子心里一定不服气。因此,家庭需要有共同的阅读时间。即使家长不爱读书,为了孩子,也要拿起书本阅读。

体验活动二:阅读新体验。(12分钟)

阅读《生气汤》文章。

《生气汤》(图4-2)讲述的是有一天小男孩霍斯带着一肚子怒气回家。他妈妈见后说要煮汤。当水滚开时,妈妈对着锅子大叫,她要霍斯也照样做。他们还一起对着锅子龇牙咧嘴、吐舌头、大声敲打锅子。最后,霍斯笑了,心里也快活多了。

图4-2 《生气汤》封面

故事里的妈妈用一锅汤平息了孩子的愤怒,让他重新开心地笑了。如果你的孩子还在生气,就拿出图画书和他一起做汤吧。

准备鸡蛋、番茄或紫菜等材料,也可以做虚拟的汤。

家长和孩子一起把菜洗净,切好,晾在一旁备用;取适量的水烧开后,放入蔬菜,同时加入盐等调料;把鸡蛋打进锅内,快速搅动成蛋花,等到汤煮开时就可以食用了。

提示:

①在做汤的过程中家长和孩子可以享受其中的乐趣,加入尖叫、鬼脸等小动作,让孩子感到他的不高兴被"煮"跑了。

②要是在孩子心情好的时候做这道汤,就可以给它取名为"快乐汤",可以加入欢呼、笑声等表达开心的"原料"。

(四)实践运用(8分钟)

1. 亲子阅读,互相分享。

当家长和孩子们共同看完一本书时,要鼓励孩子用自己的语言把它讲出来,由此可以引发孩子更大的阅读兴趣。

2. 阅读延伸活动。

※ 七、布置作业

1. 制作卡片:制作阅读银行卡、好书推荐卡或者阅读心得卡。
2. 制作绘本(图 4-3)或者手工小报(图 4-4)。

分享图书:带一本"新"书和同学们分享,进行图书漂流活动。

制订阅读计划,每天坚持阅读 30 分钟。

图 4-3 手工示例——自制绘本

图 4-4 手工示例——手工小报

4. 游戏中的规则

※ 一、课程背景

维果茨基说过:规则是游戏的本质特征。纵观儿童的游戏,从早期的"自娱自乐玩耍",到学前中期伴随着游戏情节的不断丰富,游戏在时间和空间上逐渐体现出高度的秩序感。小学阶段是儿童初步走出家庭、接触社会、了解生活、学习知识的新阶段,同时也是他们的基本道德观念、基础心理素质开始形成的阶段。我们应该让孩子在游戏中理解集体的概念、自觉建立规则意识,而不是在爸爸妈妈的强迫中"盲目听话"。

※ 二、课程目标

1. 让孩子了解世界的规则和法则,培养责任感。
2. 让父母了解如何在游戏中引导孩子自主建立规则。

※ 三、重点、难点

1. 重点:以孩子为主体,辅助孩子建立游戏的规则。
2. 难点:平衡规则与自由的天平。

※ 四、教学、教法

亲身体验及示范。

※ 五、课前准备

跳皮筋用的皮筋、纸拍、玻璃弹珠若干、儿童游戏漫画。

※ 六、教学流程

(一)课前约定(2分钟)

要求家长全程将手机设置为静音模式或关机,积极参与、大胆分享。

(二)热身活动(6分钟)

1. 玩红绿灯游戏:一位家长扮演红灯,一位家长扮演绿灯,其他家长排队走。撞人者出局。
2. 家长自我介绍。
3. 认识规则:请大家根据四幅图片的场景,分别设置合适的规则,并说一说按规则行事的好处和不按规则行事的坏处。

图1:出行时上地铁、下地铁(安全)。

图2:准备晚餐,需要凉拌黄瓜、青椒炒鸡蛋、炖排骨、饭后水果(健康)。

图3:播放翻版CD和播放珍藏版CD(价值)。

图4:欣赏音乐会(环境)。

4. 活动小结。

1. 什么是规则? 广义地说,规则是天地万物为了得到更好的生存而形成的规律,这些规律包括人类的"日出而作,日落而归",动物周期的大迁徙等。
2. 影响规则的因素:安全、健康、价值、环境。

(三)体验活动(30分钟)

体验活动一:看电影找问题。(10分钟)

播放孩子成长片段漫画。

当孩子们在一起玩游戏时,难免会出现不和谐,一会儿打架了,一会儿和好了,一会儿又绝交了。

讨论:怎样才能让孩子们在做游戏时既开心又和谐呢?

体验活动二:时光机回归自己的童年。(10分钟)

1. 自由分组,重玩自己小时候的游戏,如跳皮筋、纸拍(又叫方宝)、弹玻璃珠。

2. 讨论:

(1) 在刚才的游戏中,有哪些游戏规则? 这些规则是如何建立起来的?

(2) 传统的游戏规则从哪里得来?

(3) 当人数不同、材料不同、环境不同的时候,同一个游戏完全一样吗?

(4) 当大家意见不一致的时候,游戏如何进行?

体验活动三:游戏规则我制定。(10分钟)

1. 制定游戏规则。

(1) 要在尊重孩子和保证自由的基础之上,和孩子共同协商,达成一致,形成某种规定。

(2) 在不同的环境下,要保持规则要求的一致性。

(3) 制定规则时要考虑孩子的年龄阶段。

(4) 制定规则时要有趣味性。

(5) 可持续建立规则。

2. 玩玩具规则举例。

(1) 玩具分配原则。孩子们共同达成约定,比如:到谁的家里就听谁的;谁先拿到玩具,谁就可先玩。

(2) 当别人玩玩具时,若自己也想玩,要学会等待,或者跟对方协商解决。

(3) 当玩完了玩具之后,要把玩具"从哪里拿的放回哪里去"(把玩具送回家),放回去一个玩具才能拿下一个玩具,收的时候要确保玩具的完好。

(4) 大家一起玩玩具的时候要保持安静,不去打扰别人,如果需要别人的帮助要轻声询问。

(5) 保护玩具,学会轻拿轻放。

(四)课堂小结(2分钟)

1. 通过集体游戏,学习遵守规则及管理情绪。

2. 能正确面对输赢,输了之后要学习让自己摆脱怒气和低落情绪,赢了也不要太过骄傲和得意。

※ **七、布置作业**

回家后与孩子一起制定家庭公约并实施。

5. 专注力培养有妙招

※ **一、课程背景**

专注力,又称注意力,是指一个人专心于某一事物或活动时的心理状态。

研究表明,许多学习成绩差的学生都有难以集中注意力的问题。良好的专注力是孩子学习成长的有力保障。

俄国著名教育家马申斯基曾把注意形象地比喻为通向心灵的"唯一的门户",知识的阳光只有通过注意这扇门才能照射进来,如果学习时孩子注意力分散、心不在焉,就很难集中在一定的学习对象上,不能很好地感知和认识学习的内容。如果孩子一开始就养成上课注意听讲、做事专心的好习惯,将会让他们受益终生。

※ **二、课程目标**

1. 帮助家长了解孩子注意力不集中的原因。
2. 让家长掌握培养孩子注意力的方法。

※ **三、重点、难点**

让家长将专注力的培养贯穿到孩子的日常生活中。

※ **四、教学、教法**

情景教学法。

※ **五、教学准备**

多媒体、话筒、音响、卡片、黑板、PPT。

※ **六、活动过程**

(一)课前约定(2分钟)

与家长约定:全程将手机设置为静音模式或关机,积极参与、大胆分享。

(二)热身活动(2分钟)

讨论:大家在生活和学习中遇到过哪些需要集中注意力的问题?

(三)体验活动(24分钟)

体验活动一:家长说爱好。(4分钟)
让家长说出自己生活中的兴趣和爱好,再与孩子的兴趣做比较。
总结:环境很重要,家长示范作用也不可或缺,想让孩子专注力提高,首先要从家长自身做起。

体验活动二:听听孩子谈理想。(8分钟)
让孩子说说自己的理想,然后记录在黑板上,启发孩子探讨如何去实现自己的理想,让孩子独立思考。孩子发表完想法后,家长进行适当的补充和修正。
总结:激发孩子的兴趣,让孩子独立思考,是一种培养专注力的好办法。

体验活动三:训练专注力小游戏。(12分钟)
在一张有25个小方格的表中(图4-5),将数字1~25打乱顺序,填写在里面,然后以最快的速度从1数到25,边读边指出数字,同时计时。

25	8	14	10	19
7	24	17	11	13
23	16	1	9	21
15	18	2	4	20
22	12	3	6	5

图 4-5　找数字小游戏

研究数据表明,7~8 岁的儿童按顺序找每张图表上的数字的时间是 30~50 秒。看看自己的孩子能否在此时间段内完成。

总结:多做训练,相信注意力水平一定会逐步提高。

(四) 实践运用(10 分钟)

通过游戏培养孩子的注意力。

1. 堆火柴棍。

家长把多根火柴棍随意搭在一起,让孩子小心翼翼地一根一根拿起来,力求做到每拿起一根火柴时不触动其他的火柴棍。火柴数量由少到多,逐渐加大难度。

2. 反口令游戏。

家长说一个口令,让孩子按照反口令做动作。例如,家长说"向前一步走",孩子便退后一步走;家长说"向左走两步",孩子便向右走两步。

3. 父母和孩子一起大声读书。

大声读书有利于集中注意力。每天安排一段时间让孩子选择他们喜欢的文章大声地为父母朗读,要求孩子不读错、不读丢、不读断。孩子的注意力必须高度集中才能把这项训练坚持下去。

(五) 课堂小结(2 分钟)

(1) 针对每一个问题,想一个可行的办法来解决,并取得孩子的同意。

(2) 用图画式的提醒方式来帮助孩子记住该在什么时候、什么场合做什么事情。

(3) 使用鼓励。鼓励不光是物质的奖品,还可以是精神上的安慰、言语的赞许。

(4) 在孩子犯错误之前进行限制。

(5) 孩子玩玩具时全身投入,正是在培养聚精会神的习惯。此时家长切不可打扰、干涉。

(6) 布置一个固定的玩游戏的角落,将环境收拾得有条不紊,以减少让孩子分心的外界事物。

(7) 不要同时买太多的玩具及图书给孩子,培养孩子仔细、有耐心、反复和专注一件物品的习惯。

七、布置作业

1. 提交课后感想。
2. 了解目前孩子专注力现状。
3. 撰写学以致用小案例。

第二节 二年级家长课程

1. 培养孩子的时间观念

一、课程背景

家长普遍反映孩子升入小学后缺少时间观念,体现在平时做事爱拖拉。这主要是由于孩子的责任感不足,正如萨提亚"冰山理论"所言:"一个人的'自我'就像一座冰山一样,我们能看到的只是表面很少的一部分行为,而更大一部分的内在世界却藏在更深层次,不为人所见,恰如冰山。"所以,想要培养孩子的时间观念,首先就要挖掘其行为背后的原因,对症下药,这样才能找到合适的方法。

二、课程目标

1. 帮助家长了解孩子做事慢、缺乏时间观念背后的真正原因。
2. 帮助家长找到孩子行为背后的原因,对症下药,找到培养孩子时间观念的合适方法。

三、重点、难点

1. 重点:建立孩子对时间的认知。
2. 难点:找到培养孩子时间观念的方法并付诸实践。

四、教法、学法

辩论法、看图法、情景法。

五、课程准备

PPT、教案。

六、教学过程

(一)课前约定(2分钟)

与家长约定:全程将手机设置为静音模式或关机。

积极参与、大胆分享。两人一组(一个家长、一个孩子),其中一人深吸一口气,然后说英语单词"happy",另一人负责计数和监督。测算一下对方能一口气说多少遍单词,比一比哪组说的多,并且记住了这个单词。

（二）体验活动(25分钟)

体验活动一：唇枪舌战。(10分钟)

分两组举行辩论赛,主题是"孩子磨蹭,妈妈该不该催促"。

正方观点:孩子磨蹭,妈妈应该催促,否则孩子就会一直拖拉,耽误了学习。

反方观点:孩子磨蹭,妈妈不应该催促,催促会使孩子失去对时间自主支配的权力,不利于其自主习惯的养成。

总结:通过正反双方的激烈辩论而了解到,妈妈的催促只解决了表面的、一时的问题。而有效地培养孩子的时间观念,让孩子养成自主支配时间的习惯,才能从根本上解决问题。

体验活动二：火眼金睛。(15分钟)

出示如图4-6所示的两张图片。

图4-6 小朋友作业

讨论:哪一幅图的小朋友作业会完成得又快又好？为什么呢？

总结:小朋友写作业磨蹭,主要有以下几种原因。

(1) 没有养成良好的习惯,做作业时玩玩具、吃东西。

(2) 书桌上放了太多容易分散注意力的东西。

(3) 没有时间意识,没有制订计划。

（三）实践运用(13分钟)

案例:

小明上了一年级,每天放学回家后都边看动画片边吃零食,看着看着就忘记了写作业。奶奶不时过来说:"赶紧去写作业啦!"而看动画片入神的小明,根本没听到。奶奶唠叨了几遍没用。直到妈妈回来夺走了平板电脑,把他推到书桌前,他才开始不情愿地掏出书本,坐在乱糟糟的书桌前开始写作业。写语文作业时,妈妈在一边看到那歪歪扭扭的字,便要求他修改。他觉得不耐烦,想换成写数学作业。妈妈在边上看着他错了一题又一题,问他是怎算的。他感觉数学也很麻烦。妈妈一走开,没人监督他了,他便悄悄地摸一摸桌上的小玩具。到了睡觉的时间,妈妈检查作业时发现每一门功课都没有全部完成,逼迫他完成全部作业。最后,小明终于在半夜完成了作业,拖着疲惫的身体去睡觉。

讨论:如何帮助小朋友改变现状?家长可以从哪些方面帮助孩子培养时间观念?

总结:

(1)从小养成好习惯,帮助孩子一起制订一份日常计划表,让孩子学会合理安排时间,分清事情的轻重缓急。

(2)保持良好的环境,不在书桌上放容易让孩子分心的东西。

(3)送孩子一个闹钟,让他认识时间,知道一秒、一分、一小时有多久。

(4)用计时器的响铃取代妈妈的催促和唠叨。通过倒计时,倒逼孩子增强时间感。通过限时,让其注意力集中,没有磨蹭的机会。

(5)教会孩子分解任务,帮助他科学合理地测算每一件事(每一门功课)需要的时间。

(6)找到磨蹭的原因,比如孩子遇到了困难,或对一件事(一门功课)没有兴趣。

(7)让孩子有自由支配时间的机会,而不是一直受到家长的催促和安排。

(8)教会孩子统筹安排时间。

(9)为孩子树立榜样。

※ 七、布置作业

1. 分享活动的收获。
2. 帮助孩子一起制订一份日常计划表,并记录每天执行的情况,一周后分享。

2. 做孩子合格的情绪教练

※ 一、课程背景

有的家长很苦恼,为孩子做了很多,而孩子却没有任何变化。其实,在与孩子相处的过程中,家长很容易忽略自己的情绪,做父母的应该反省一下自己,结合自己的童年经历,提醒自己保持平和的心态,并引导孩子合理地控制自己的情绪。

※ 二、课程目标

1. 帮助家长意识到自己的情绪对孩子成长的影响。
2. 帮助家长学习如何成为孩子合格的情绪教练。

※ 三、重点、难点

1. 重点:家长学会引导孩子疏导、表达情绪。
2. 难点:家长学会接纳自己的情绪,学会引导孩子接纳和表达自己的情绪。

※ 四、教法、学法

谈话法、情景法。

※ 五、课程准备

纸、笔、视频、音乐及活动道具。

※ 六、教学过程

(一)课前约定(2分钟)

要求家长全程将手机设置为静音模式或关机。认真倾听每一个人的发言,积极参与到讨论中,分享自己的感受和想法。

(二)体验活动:"情绪罐子"游戏(10分钟)

1. 当你察觉到孩子生气的时候,拿出一个透明的、可密封的杯子。
2. 将热水和茶叶或亮片放入杯子,摇晃均匀。
3. 问问孩子,现在他的情绪是不是和这个杯子一样,纷纷乱乱。
4. 静坐下来,看着水中的茶叶或亮片慢慢沉底。

游戏的关键在于将孩子的情绪形象地表达出来,让孩子了解到,原来生气时的心情是如此嘈杂、混乱。孩子通过观察茶叶、亮片沉降的过程,情绪会慢慢平静下来。之后,家长再和孩子就刚刚引起他发脾气的事情进行讨论,并采取进一步的处理措施。

(三)概念讲述与讨论(25分钟)

1. 什么是情绪?

情绪,是对一系列主观认知经验的通称,是多种感觉、思想和行为综合产生的心理和生理状态。最普遍、通俗的情绪有喜、怒、哀、惊、恐和爱等,也有一些细腻微妙的情绪,如嫉妒、惭愧、羞耻和自豪等。情绪常和心情、性格、脾气、目的等因素互相作用,也受到荷尔蒙和神经递质影响。无论是正面的情绪还是负面的情绪,都会引发人们的行为动机。尽管一些情绪引发的行为看上去没有经过思考,但实际上意识是产生情绪重要的一环。人的情绪有天生的成分,也有后天控制的成分。

情绪分为积极情绪、消极情绪。情绪管理并非是消灭情绪,而是疏导情绪。

家长要认清自己属于哪种类型。

忽视型家长:漠视、忽略或轻视孩子的消极情绪。

压抑性家长:对孩子的消极情绪持批评态度,经常因为孩子表现出消极情绪而训斥或惩罚孩子。

放任型家长:包容孩子的情绪,和孩子一起感同身受,但不能提供必要的指导,也不能给孩子的行为划定界限。

教练型家长:与孩子共享情绪,懂得情绪管理,善于调节情绪,能以积极的方式应对,缓解紧张的心理状态,包括情绪识别、情绪调控和情绪表达。

2. 讨论。

你是什么类型的家长?面对孩子的情绪,你最大的困扰是什么?按照四种类型分组讨论。

总结:孩子有情绪时引导孩子正确表达情绪有以下五个步骤。

第一步:觉察到孩子的情绪。
第二步:共情,用温情和安慰的话语和孩子交流。
第三步:接受、认可孩子的情绪,倾听孩子的心声。
第四步:帮助孩子表达情绪,用言语为情绪贴上标签。
第五步:划定界限,指导孩子解决问题。

(四)课堂小结(3分钟)

我们每个人每天都会有各种各样的情绪,孩子也一样,我们需要正确地表达情绪,并且用自己的一言一行指引孩子。

※ 七、布置作业

1. 与家庭成员分享上课的收获。
2. 记录并分享一周内处理情绪问题的案例,交一份心得体会。

3. 让孩子品尝学习的快乐

※ 一、课程背景

经常听到家长说,我的孩子不爱学习,其实,问题背后的根本原因在于孩子缺乏学习动机,缺少积极向上的信念。奥苏泊尔认为成就动机由三个方面的内驱力组成:一是认知的内驱力,即获得知识技能以及善于发现问题与解决问题的需要,如好奇心、求知欲、探索等。二是自我提高的内驱力,即把学业成就看作赢得相应地位的需要,如自尊心、荣誉感、胜任感等。三是附属的内驱力,即为了获得长者和同伴们的认可而努力的需要,表现为一种依附感。这三种内驱力在学习生活中的作用是不固定的,通常随着学生的年龄、性别、个性特征以及社会历史和文化背景等因素而变化。

※ 二、课程目标

1. 让家长亲身体验学习带来的成就感,从而帮助孩子提高学习的积极性。
2. 帮助家长了解自身学习的重要性。

※ 三、重点、难点

1. 重点:掌握提高孩子学习积极性的方法。
2. 难点:科学有效并持续地实施提高孩子学习积极性的方法。

※ 四、教法、学法

谈话法、情景法。

※ 五、课程准备

角色扮演剧本、PPT。

※ 六、教学过程

（一）课前约定（2分钟）

要求家长全程将手机设置为静音模式或关机，积极参与、大胆分享。

（二）热身活动（10分钟）

游戏规则：某人先说一个数字，然后大家按顺序依次接着说下去。当遇到个位数是3或3的倍数时，举手但不能出声。出错的家长需要在一局游戏结束后发表一个简短的感言。

总结：大人也有出错的时候。虽然我们有各种各样的理由解释错误的原因，但更希望得到别人的理解或鼓励，而不是指责和训斥。

（三）体验活动（20分钟）

体验活动：角色扮演。

1. 角色扮演：冗长说教型。
2. 角色扮演：批评打击型。
3. 角色扮演：破罐破摔型。

讨论：以上这几种情况大家体验后感觉怎么样？孩子的反应如何？我们到底该怎么办呢？

（四）实践运用（8分钟）

1. 让孩子体验成就感。

案例：

我的孩子刚上一年级时，觉得拼音、数字很有趣，学习兴趣很浓。可是过了一段时间，他就坚持不下去了，觉得每天都要识字、读书很枯燥。我把课文里的生字词记在心里，晚上给他读故事，遇到了这个字，故意装作不认识，问他知不知道这个字读什么。他一看，就想好好在我面前表现一下，大声地告诉了我。我马上表扬他，跟他说："妈妈有时候也需要你的帮忙，以后你在学校里学到新的字、有趣的知识，可一定要告诉我啊！"有时遇到他学过的字，我就故意读错，他很起劲地指出来，我和他说："哇，原来你已经认识这么多字啦！谢谢你的提醒！"

2. 激发学习兴趣。

案例：

孩子在一年级下学期时学习100以内的加减混合、连加连减运算，老师要求每天规定时间内算100道题目。孩子做得很慢，总是超时。如果在限定时间内做完，又会做错。这样持续了几天，他很有挫败感，不想做了。于是我做了两份0~10的数字卡片，跟他玩起了打牌游戏，规则是每人每次出两张牌，在一局开始之前规定好是做加法还是减法。如果是加法，看谁的牌加出来的数字最大；如果是减法，则看谁的牌减出来的数字最小。五局三胜制，输的人表演一个节目。他很喜欢这个游戏，有时候还会拉着爸爸陪他玩。这样既增进了亲子关系，又锻炼了他的数学计算能力。

※ 七、布置作业

回家后把所听所想以文档的形式记录下来，内容可参照以下几点：

1. 这节课上的收获。
2. 目前孩子学习上的现状和困惑。
3. 引用学以致用的小案例。

4. 倾听是沟通的开始

※ 一、课程背景

要想走进孩子的内心,了解孩子的真实需要,我们应该学会倾听,培养孩子良好的沟通能力。佐藤学认为,相较于发言和交流,倾听才是课堂的核心活动。

※ 二、课程目标

1. 帮助家长认识到倾听的重要性。
2. 帮助家长学会尊重、了解孩子的内心想法。
3. 增进家长和孩子之间的有效沟通,并及时给予支持或引导。

※ 三、重点、难点

1. 重点:倾听孩子的心声。
2. 难点:了解孩子心里想什么、要做什么。

※ 四、教法、学法

谈话法、情景法。

※ 五、课程准备

PPT、图画纸、画笔。

※ 六、教学过程

(一)课前约定(2分钟)

要求家长全程将手机设置为静音模式或关机,积极参与、大胆分享。

(二)体验活动(28分钟)

体验活动一:绘画的练成。(10分钟)

案例:

在幼儿园大班那年的暑假,小明参加了第一个兴趣班——儿童画。起初小明非常感兴趣,每次回家后都会拿着绘画本描画各种图案或上色。整个暑假都是如此。

开学后小明抱怨不想去上课。妈妈反复和他沟通,但效果甚微。妈妈找到老师,了解到原来他绘画速度慢,跟不上其他小朋友的节奏。妈妈鼓励小明:"老师表扬你了,说你画画非常认真,进步很大,上的色也很匀称,如果以后在速度上略做提升会更好。"以后的绘画课妈妈均陪伴小明,发现小明用油棒上色时用时较多。小明在老师的协助下做了调整,慢慢地跟上了全班进度,又喜欢上绘画了。

讨论:从这个故事中,你收获到什么?

体验活动二:你说我画。(18分钟)

游戏规则:请一名家长上台担任传达者,其余人员都作为倾听者,传达者看样图2分钟,背对全体倾听者,下达画图指令。倾听者们根据传达者的指令画出样图上的图形,倾听者不许提问。

游戏后交流感受,感受有效倾听的重要性。

讨论:你的孩子在生活中是否也有过类似的经历?当时你是如何做的?如果再给你一次机会,你会用什么方法来表达?

总结:有效倾听具有六个方面的优势:可获取重要的信息;可掩盖自身弱点;善听才能善言;能激发对方的谈话欲;能发现说服对方的关键;可使自己获得友谊和信任。

(三)实践应用(10分钟)

每小组派两人,一人扮演孩子,一人扮演家长,把刚才在组内分享的好案例用今天学习的方式演练一次。

实际上,亲子沟通中很多问题都是因为父母"说"得多、"听"得少。孩子想要寻找倾诉对象的时候,却发现自己又遭到一番教育,甚至不得不承受父母的"语言垃圾",长此以往,孩子就不愿意与父母沟通。家长要学会认真倾听孩子诉说,拉近与孩子的距离。

※ **七、布置作业**

与家庭成员分享上课的收获。

第三节 三年级家长课程

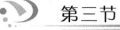

1. 生活中的挫折教育

※ **一、课程背景**

当今孩子大多是独生子女,几乎是在万千宠爱中长大的,这些在蜜罐罐里长大的孩子们在享受优越生活条件的同时,往往任性、脆弱、自我、依赖性强、独立性差。因此,要培养孩子健康的心理、健全的人格品质,进行适当的挫折教育是非常必要的。张大均在《关于挫折教育思考》一文中指出,挫折教育的目的是培养学生对挫折应对进行自我监控。《心理百科全书》从心理学的角度认为,挫折教育的任务是教育广大青少年具备必要的知识和能力,提高自身素质,增强心理免疫力,从而最大限度地发挥其潜能,或者具有适当的应变能力,以克服其成长过程中的障碍。因此,父母要意识到孩子今天的挫折就是明天适应社会的资本,要让每个孩子都有战胜困难的勇气和决心,让孩子在竞争中求得生存和发展。

※ 二、课程目标

1. 认知层面：初步认识挫折教育的作用。
2. 情感层面：正确认识挫折，引导孩子学会用积极、向上的态度面对挫折。
3. 行为层面：引导孩子学会应对挫折的方法和技巧。

※ 三、重点、难点

1. 重点：帮助家长学会引导孩子应对挫折的方法和技巧。
2. 难点：帮助家长学会引导孩子用积极、向上的态度面对挫折。

※ 四、教法、学法

案例分析法、情境法。

※ 五、课程准备

1. 器材：电脑、投影仪。
2. 道具：计时器。
3. 音乐：《命运交响曲》。
4. 图片和视频。

※ 六、教学过程

（一）课前约定（2分钟）

要求家长全程将手机设置为静音模式或关机，积极参与、大胆分享。

（二）热身活动（6分钟）

抢凳子游戏规则：播放一段音乐，所有人围绕凳子转圈，当音乐停止的时候，所有人开始抢凳子，没有抢到凳子的人即被淘汰，直到最后留下一人，游戏结束。

每个人都有遇到不如意的时候，引导大家要积极地面对和处理挫折。

（三）体验活动（27分钟）

体验活动一：回忆过往。（7分钟）

播放音乐《命运交响曲》，关灯，引导家长回忆生活中的挫折。

指导语：至今为止，你所经历过的对你影响最大的挫折事件是什么？现在你又是如何看待这件事的？

注意观察家长的表情，请三位愿意分享的家长叙说。

总结：对待挫折有一项至关重要的能力——逆商，一个人在一生中总会遇到大大小小的挫折，孩童时期同样会经历挫折，父母是给他准备一条一帆风顺的人生道路，还是抓住机会培养他的逆商？哪种方法更明智呢？

答案是显而易见的，父母不可能陪伴孩子一生，教育孩子时应抓住机会，培养孩子的逆商、解决问题的能力以及乐观主义精神。

体验活动二：看图感悟。（10分钟）

教师展示图片和视频。

图1：孩子要什么家长就买什么，怕孩子伤心。

图2：孩子爬山太累，家长背着孩子爬山。

图3：家长长期帮孩子收拾书包，整理学习用具。

视频1：什么事情都不让孩子做，只让孩子学习。

视频2：不管孩子遇到什么困难，家长都全程帮忙。

围绕图片和视频，讨论家长这样做的弊端，引出挫折教育的必要性。

总结：挫折就是"碰钉子"，这是成长道路上不可避免的。家长进行挫折教育是为了激发孩子的潜能，教会他处理挫折的知识和能力。只有在挫折中站起来的人才能深刻理解什么叫成功。

体验活动三：小组讨论找方法。（10分钟）

1. 小组展开讨论，引出挫折教育的必要性。

例一：爬山怕累。

例二：考试失利。

2. 小组讨论后，总结应对挫折的技巧和方法。

第一步，认同孩子的挫折感，从情感上支持孩子。

第二步，转变孩子的思维方式，把每一次遇到的困难和挫折都转化成一次学习机会；教会孩子战胜挫折的方法，帮助孩子从挫折中站起来，让孩子体会到，困难是暂时的，只要努力，就可以克服困难。

第三步，父母要为孩子树立榜样。

父母要时刻为孩子树立榜样，当孩子遇到困难的时候，自然而然地就会按照父母的处理方式应对困难。

第四步，多多鼓励。

教会孩子正确面对挫折，从挫折中学习知识，学会总结失败的原因，并转化为自己的经验。

（四）实践运用(5分钟)

1. 情景再现：孩子竞选班长落选，邀请三位家长分别饰演爸爸、妈妈、孩子。

2. 其他家长评价、分析，最后分享感悟。

※ **七、布置作业**

1. 每人收集自己喜欢的人生格言，并和孩子分享。（至少三句）

2. 和孩子分享一下自己战胜挫折的故事，重点记录孩子的反馈。

2. 让孩子也来当"管家"

※ 一、课程背景

现在许多孩子在家里饭来张口，衣来伸手。更有甚者，有的孩子上了大学，还要求妈妈陪读，只因为自己不会料理日常琐事。哈佛大学的社会学家、行为学家和儿童教育专家曾对波士顿地区 456 名少年儿童进行了长达 20 年的跟踪调查，发现爱干家务的孩子与不爱干家务的孩子相比，长大后的失业率为 1:15，犯罪率为 1:10，平均收入要高出 20% 左右，爱干家务孩子的离异率、心理疾病患病率也较低。

中国近年一项对 1666 名三年级至八年级中小学生的调查结果显示，"愿意和大人一起干家务"的高达 93%，"愿意学做家务活儿"的高达 92.7%；当问及"劳动对自己有什么好处"时，77.6% 的孩子选择"培养自己的能力"，67.2% 的孩子选择"在劳动中获得快乐"，说明孩子们很看重劳动对于自身成长的积极作用；71.2% 的中小学生不同意"现在的孩子是懒惰的一代"的说法。由此可见，很多时候是由于家长事事包办，导致孩子丧失生存能力。

※ 二、课程目标

1. 认知层面：初步认识让孩子当"管家"的重要性。
2. 情感层面：学会正确处理焦虑情绪，相信孩子。
3. 行为层面：学会指导孩子主动承担家务的方法，培养遇事勇于承担的品质。

※ 三、重点、难点

1. 重点。
（1）帮助家长学会指导孩子主动承担家务的方法，培养遇事敢承担的良好品质。
（2）帮助家长学会正确处理焦虑情绪。
2. 难点。
在体验式教学中激发家长的参与度和认可度。

※ 四、教法、学法

角色交换法、场景演练法。

※ 五、课程准备

1. PPT。
2. 开场音乐：《飞得更高》。
3. 视频：小鬼当家活动的活动花絮（包含买菜、理菜、做饭、感恩父母环节）。

※ 六、教学过程

（一）课前约定（2分钟）

要求家长全程将手机设置为静音模式或关机，积极参与、大胆分享。

（二）热身活动(8分钟)

1. 开场游戏：两人一组，进行"石头剪刀布"游戏，赢的人扮演家长，输的人扮演孩子，各自记住自己的身份，然后每个人用一句话介绍自己。

2. 分组坐，扮演孩子的家长坐在一起，为孩子组；扮演家长的家长坐在一起，为家长组。

（三）体验活动(40分钟)

体验活动一：跳出舒适圈。(10分钟)

1. 孩子组和家长组分别围成两个圈，记住自己左边和右边分别是谁。

2. 音乐停止时，家长在圈中随意调换位置。

3. 音乐开始时，立刻停止调换位置，然后每人找出刚才左边和右边的伙伴，并且用手牵住对方，此时，围成的不再是一个圈，而是一个错综复杂的网状。

4. 思考：大家不松开手，可以将网状再变成初始的圆圈吗？

5. 家长尝试了各种方法，终于变成初始的圆圈。

6. 家长说一说成功的感悟。

总结：有些事情看起来很困难，实际上想办法就能解决。孩子也一样，通过思考、实践、失败、再实践，就可以找到一条成功的路。

体验活动二：根据场景进行讨论及角色扮演。(30分钟)

场景一：

妈妈生病了，发着高烧，躺在床上，爸爸晚上要加班，孩子放学回家，面对一个现实问题：谁煮饭？

家长组讨论：如果你家出现这个问题，作为家长的你，该如何处理？

孩子组讨论：假设你是孩子，你会怎么办？

场景二：

全家一起外出旅行，要制订一个旅行的计划，有三种方式供大家选择：

（1）完全由孩子一人制订计划。

（2）家长和孩子一起制订计划。

（3）家长全权包办，孩子只管参与。

选择第一种方式的家长分享成功的地方和失败的地方。

选择第二种方式的家长为大家演示全家是如何一起制订计划的。

选择第三种方式的家长分享孩子的旅行回忆以及孩子对旅行的参与度等相关内容。

总结：当孩子参与其中的时候，在旅行过程中孩子就会思考这次计划制订得是否完美，下一次旅行中就会吸取教训，做得更积极、更周到。在生活中亦是如此，如果家长事事代劳，孩子就没有主人翁意识，学习的动力不够，没有坚强的意志，更不懂得感恩父母，如果孩子事事以主人翁的状态参与其中，就会在一次又一次的失败中总结原因，不断完善自己。

大家讨论后，总结出让孩子当好"管家"的几个锦囊：

（1）家长改变对劳动、对孩子的认识。

（2）家长身体力行，与孩子共同参与。

（3）家长在劳动实践中开发孩子的潜能。

场景三：

播放小鬼当家视频、照片等花絮，让家长看看孩子到底有多大潜力，能做多少事情。

（1）家长分享画面中主人翁做的事情。

（2）小组讨论，孩子还可以做哪些事情。

（四）实践运用（10分钟）

家长三人一组，一人扮演爸爸，一人扮演妈妈，一人扮演孩子，各自选择自己感兴趣的场景，并阐述如何开展，或者现场演一演。

场景一：妈妈马上过生日了，准备做生日策划。

场景二：快期末考试了，制订复习计划。

场景三：暑假到了，全家想一起去旅行。

每个场景选择1~2组进行阐述或表演。

总结：瞧！有了孩子的参与，活动更有意义了！

七、布置作业

1. 写一写今天课堂上的收获。
2. 写一写身边小管家的案例。

3. 共情，走进孩子内心的钥匙

一、课程背景

很多人均有这样的体会，父母如果带着负面情绪靠近婴儿，并不需要说什么，婴儿就会有所觉察，从而表现出困惑、紧张、烦躁。随着孩子慢慢长大，理性思维渐渐占了上风，他们会将情绪隐藏起来，但是情绪依然存在于孩子的潜意识中。

心理学家认为，共情即通情达理、情感共通，假如亲子之间能做到共情，则很多问题都会迎刃而解。如果父母能体谅孩子，孩子就会信任父母。以共情为心理基础，孩子才愿意向父母坦白心声，父母才能真正走进孩子心里。

二、课程目标

1. 引导家长学会站在孩子的角度感受和体验，理解孩子的想法。
2. 引导孩子学会换位思考，培养孩子的共情能力。

三、重点、难点

1. 重点：培养家长和孩子的换位思考的能力。
2. 难点：培养家长和孩子的共情能力。

四、教法、学法

亲子讨论法、角色扮演法。

※ 五、课程准备

1. PPT。
2. 不超过20对(一位家长、一位孩子)学员。

※ 六、教学过程

(一) 课前约定(2分钟)

(1) 跟孩子约定:谁说话看着谁,坐端正,不乱跑,举手发言。

(2) 跟家长约定:全程将手机设置为静音模式或关机,积极参与、大胆分享。

(二) 热身活动(10分钟)

孩子先进行自我介绍,再介绍父母。

用一个形容词描述父母某方面的特点,并用一件事来说明爸爸或妈妈的这个特点。

如:我是×××班的×××(姓名),我有一个×××的爸爸/妈妈,有一次……

听了孩子的介绍,父母知道了自己在孩子眼中的形象。

(三) 体验活动(45分钟)

当你对婴儿报以温柔的笑,他也会回报你微笑。幼儿园里有一位小朋友哭了,很多小朋友都会一起哭,这就是孩子之间的共情。共情是人与生俱来的能力,父母是否能准确地感受到孩子的情绪变化呢?

体验活动一:你争我抢。(20分钟)

1. 案例介绍。

周六,明明邀请军军到家里来玩。玩着玩着,两人为了抢夺一辆小汽车打了起来。明明妈妈阻止明明说:"你是小主人,应该让着客人。"明明哭着大声说:"不对,这玩具是我的,他得听我的。"妈妈说:"是你主动邀请军军来玩的,你不让着客人,以后人家就不来玩了。""不玩就不玩!你走!你走!"明明边说边推军军。妈妈生气了,使劲推了儿子一下,说:"你这孩子不讲理,我们都不理你了!"明明说:"不理就不理!"关上房门,一个人在里面哭。

明明妈妈很尴尬,向军军母子道歉:"这孩子脾气特别拧,军军别计较。"军军妈妈连忙说:"军军也做得不对。"转身训斥军军:"你们抢什么抢!现在都玩不成了吧?"军军不服气地说:"是我先拿到小汽车的。"妈妈说:"不许狡辩!谁先拿到手就是谁的吗?你们不会一起玩吗?"挨了批评,军军撅起了小嘴。一场聚会不欢而散。

2. 讨论问题。

明明有什么感受?军军有什么感受?小朋友的聚会为什么会不欢而散?有没有好的解决办法?

3. 根据家长及孩子的回答总结。

当成人被误解而感到委屈的时候,可以向知心朋友倾诉,这样就得到了共情,而孩子的想法和感受往往被成人认为是不成熟的,而孩子自己又不会主动倾诉,所以他得到的共情远远少于成人,只能默默地承受心理压力。

孩子发脾气时内心是脆弱的,他们的内心冲突及困惑很强烈,承受的心理压力很大,他们需要父母设身处地地关爱他,但很多时候,他得到的是父母的压制与批评。

外在的压力或许表面上平息了孩子的脾气,却加剧了他内心的冲突与困惑,未解开的心结潜伏在他的意识深处,支配他未来的行为。

4. 选取两个人分别扮演明明妈妈、军军妈妈,采用共情的方法处理孩子间的矛盾。

总结:在这个过程中,明明妈妈对明明"喜欢小汽车"以及"得到小汽车就高兴"等情绪进行了共情,同时引导明明,从自己得不到小汽车不高兴去感受军军得不到小汽车也不高兴的情绪。这样,明明在情绪与认知上的冲突都得到了化解,而且这种化解是孩子内在的领悟,不是外在的灌输。共情改变了妈妈的强权教育,也促进了孩子的自我成长。

体验活动二:善解人意。(10分钟)

1. 游戏规则:给出一些场景,让孩子回忆爸爸、妈妈的回答(选5个话题,每个话题请2个孩子说一说)。

"妈妈,今天我考了99分!""今天我们班的小明打了我。""我的新铅笔丢了。""我不喜欢小弟弟/小妹妹。""这本书一点也不好看。""写字太累了。""我穿这件衣服太丑了。""今天的秋游一点也不好玩。""我的玩具坏了。""我想吃饼干、零食(家里没有的那种)。"

孩子反馈:开始时我的心情、爸爸/妈妈的回答、我后来的心情。

家长反馈:当时是否体会到孩子的心情,是否达到预期的效果?

假如有再来一次的机会,换一种共情的方式,让父母表演一下。

规则:在第一轮中,如果父母已经使用共情方式,请孩子对父母表达感谢;在第一轮中若孩子对父母的言行不满意,请父母改变方式,当父母真正改变了,孩子也要对父母表示感谢和夸奖。

总结:家长对孩子运用共情,孩子会更容易接受父母的观点。

体验活动三:讨论三部曲锦囊。(15分钟)

共情:这个过程可归纳为觉察、接纳、传递三部曲。

觉察:换位思考,认同他人的感受。"你现在的感受是……,因为……""你感觉……,因为……""你感到……,因为……""你想说的是……""你现在最希望的是……""你的意思是……""你愿意跟我讲……"

接纳:表达你的感受。"我理解你的感受,我知道这对你很重要。""我能理解这种心情,我知道这种事处理起来很难。"

传递:给予帮助。"需要我为你做些什么吗?""你看我能为你做些什么?"

场景	觉察:情绪	接纳:表达感受	传递:给予帮助	结果
当孩子不想上床睡觉时				
当孩子做事磨蹭时				
当孩子说"不"时				

续表

场景	觉察:情绪	接纳:表达感受	传递:给予帮助	结果
当孩子不想理睬父母时				
当孩子用哭来达到目的时				

总结:能够说出孩子的内心感受很难,但非常重要,需要父母不断地演练,真正走进孩子的内心世界,从而确定他内心的真正感受。一旦孩子知道他们的感受,他们便能自己想办法帮助自己。

（四）实践运用(13分钟)

1. 当孩子不想上床睡觉时。
2. 当孩子做事磨蹭时。
3. 当孩子说"不"时。
4. 当孩子不想理睬父母时。
5. 当孩子用哭来达到目的时。

总结:适当的共情,可以更好地处理情绪,从而达到事半功倍的效果。

※ 七、布置作业

思考并写下答案:用共情的方式你解决了哪些问题?取得了哪些好的效果?是否达到了预期?

4. 了解孩子的性格优势

※ 一、课程背景

现在的孩子大多为独生子女,父母自然望子成龙,望女成凤,有些家长不惜重金培养孩子,孩子的学习成绩稍有退步就焦虑不堪,甚至会对孩子大打出手,这无形中伤害了孩子。其实,影响孩子性格的因素很多,比如父母感情状况、孩子的身体健康状况、家庭的管教等。针对以上现状,须引导家长了解不良性格特征的表现和危害,培养孩子积极、乐观的性格,从而促进孩子身心的健康发展。

※ 二、课程目标

1. 让家长初步了解性格的多样性。
2. 让家长初步学会了解孩子性格的方法。
3. 让家长初步掌握发挥孩子性格优势的教育方法。

※ 三、重点、难点

1. 让家长初步学会了解孩子性格的方法。

2. 让家长初步掌握发挥孩子性格优势的教育方法。

※ 四、教法、学法

亲子讨论法、角色互换法、情境法。

※ 五、课程准备

1. 迷宫图。
2. 不超过20对(一位家长、一位孩子)学员。

※ 六、教学过程

(一)课前约定(2分钟)

1. 跟孩子约定:谁说话看着谁,坐端正,不乱跑,举手发言。
2. 跟家长约定:全程将手机设置为静音模式或关机,积极参与、大胆分享。

(二)热身活动(10分钟)

1. 大家拿出画板,简单地画一画自己,并在旁边用三个词形容一下自己。
2. 家长用这幅图介绍自己。

总结:大家的介绍各不相同,有的介绍自己内敛,有的介绍自己热情,有的介绍自己放得开,敢于表现自己。这就是我们的性格。一百个读者的心中有一百个哈姆雷特,一百个人有一百种性格。

(三)体验活动(60分钟)

体验活动一:"走"迷宫。(20分钟)

游戏规则:出示四张相同的迷宫图,请四位小朋友画出走出迷宫的路线,要求在5分钟内完成,完不成即为失败。

四个孩子同时画迷宫,家长们观察孩子们的表现。

家长们展开讨论。

预设1:有的孩子一上来就从入口开始画,当发现走不出的时候,又擦掉重画。

预设2:有的孩子先进行观察,确定路线后才开始动笔。

预设3:有的孩子画一画,再停下来想一想,然后继续画。

……

虽然每个小孩的处理方式不一样,但最后都完成了任务。

家长讨论自己的感受。

预设1:不同的处理方式,虽有快慢之分,但是都能完成任务。

预设2:之前快速完成的,之后可能会慢下来。

预设3:之前动作慢的,之后不一定慢。

总结:不同的孩子在处理问题上有快慢差异,但是他们都是成功的孩子。在现实生活中,我们做事有快有慢,这取决于每个人的做事风格,而性格是决定做事风格的原因。

通常来讲,孩子的性格分为四种。

较真型:较真型性格的孩子的父母虽然比较累,但不用担心孩子成为压力的牺牲者。因为较真型性格孩子尽管也会犯错误,但他们在做每一个决定之前都会认真思考。这样的孩子,长大后大有成为工程师和医生的可能,并且很容易在自己选定的职业中取得很高的成就。

害羞型:害羞型性格的孩子习惯站在拥挤的人群后面,这并不代表他躲在自己的世界里。事实上,害羞的人可以是冷静的观察者,他们可以发现很多常常被外向型性格的人所忽视的细节。专家说,害羞型性格的人通常都是很好的倾听者。害羞型性格的孩子有成为观察家、科学家和作家的潜质,当然还可以做别人忠诚的朋友。

随意型:不做准备,临时应付,这需要很大的自信。随意型性格的孩子活得更自我一些,因为他们从来不被生活和压力所累,而是坦然接受生活的原本状态。恰恰是这种没有压力的状态,使得他们反而容易把事情做得更好,尤其在公关和市场领域。

好动型:好动型性格的孩子非常顽强,他们不管遇到多大的困难,都会勇往直前。这种特质决定了他们长大后有成为执行官的潜质,或成为企业家以及出色的运动员。

这四类性格没有好坏之分,各有优势。

体验活动二:情景模拟。(20分钟)

情景:马上要进行一场制作模型大赛,孩子们都在紧张地准备着。

1. 分组并扮演:家长根据孩子的性格,分为四组,分别为较真组、害羞组、随意组、好动组。孩子模拟情境,进行角色扮演,家长观察,尽可能多地发现孩子在活动中的闪光点。

2. 家长观察、记录。

3. 家长分享观察、记录的结果。

总结:不同性格的孩子在处理问题上都是有可取之处的,家长应该尽可能多地发现孩子的闪光之处,这样才利于培养孩子的自信和勇气,利于孩子的健康成长。

体验活动三:小组讨论话成长。(20分钟)

1. 讨论。

(1)仔细思考一下,对于不同性格的孩子,我们应该如何引导和鼓励,才能真正帮助孩子成长呢?

(2)四个小组讨论,面对孩子的性格,我们应该如何引导。

2. 小组汇报讨论的方法。

较真型:共情、角色转换、举例引导、家长树立榜样、鼓励……

害羞型:给予足够的安全感,不强迫,多参加活动……

随意型:多阅读、多参加活动、家长树立榜样、鼓励、寻找伙伴榜样……

好动型:给予足够的活动时间,参与一些动脑的活动,比如下棋、家长陪伴、共情……

3. 总结:对不同性格的孩子,教育方式和方法是不同的,不可千篇一律,需要家长循循善诱,找寻最适合孩子的方法。

(四)实践运用(3分钟)

情境应对:

1. 孩子与同学发生了矛盾。

2. 孩子考试考砸了。

3. 孩子突然对一直感兴趣的钢琴提不起兴趣,不想再练了。

各小组选择其中一个场景进行演练,小组汇报表演,其他小组评议、修正。

※ 七、布置作业

1. 写一写今天课堂上的收获。
2. 写出五处孩子的闪光点。

第四节　四年级家长课程

1. 策划有趣且有意义的家庭活动

※ 一、课程背景

"户外家庭日"活动是一项非常有意义的活动,它可以有效提升个人的心理素质,并在父母与孩子之间建立唇齿相依的关系,增进家庭的凝聚力。

※ 二、课程目标

1. 通过策划有趣且有意义的家庭活动,促进家人之间的交流,增强家庭成员之间的凝聚力。
2. 搭建家长与孩子平等对话的平台,培养和谐、温暖、美好的家庭氛围。

※ 三、重点、难点

1. 重点:通过活动促使每位家庭成员体会到家庭活动的意义。
2. 难点:通过策划有趣且有意义的家庭活动,促进家人之间的交流,增强家庭成员之间的凝聚力。

※ 四、教法、学法

案例分析法、活动体验法、经验交流法。

※ 五、课程准备

1. 以家庭为单位围圈坐好。
2. 提前搜集参加课程家庭的照片。

※ 六、教学过程

(一)课前约定(2分钟)

1. 与孩子约定:坐端正、不乱跑、举手发言。

2. 与家长约定：全程将手机设置为静音模式或关机，积极参与、大胆分享。

（二）热身活动（8分钟）

各组家庭积极开动脑筋，为自家取一个响亮的名字。

（三）体验活动：家庭活动show（25分钟）

体验活动一：包饺子大比拼。（15分钟）

每个家庭合力包饺子，确保每位参与的成员都有任务；每个家庭自拟话题，边包饺子边聊天；活动结束后每位家庭成员聊一聊包饺子的感受，其他家庭成员认真倾听；每组家庭安排一位家庭成员记录活动过程。

体验活动二：经验分享。（10分钟）

学员分组讨论还有哪些有趣且有意义的家庭活动，自己是否在各自家庭组织开展过类似活动，并且分享经验。

类型一：家庭娱乐活动。组织一次家庭KTV比赛或掷飞镖比赛。可以根据自身喜好自行选择。

类型二：健身活动。利用周末和节假日，组织家庭健身活动，如爬山、打球等，既可锻炼身体，又可增进家庭成员之间的感情。

类型三：学习活动。组织全家去歌剧院观看歌剧、去图书馆看书或去书店选购书籍，对于喜爱学习的家庭来说，这是不错的选择。

类型四：家庭旅行。试着召开家庭会议，商讨旅行事宜，群策群力，各抒己见。全家旅行，可以缓解工作的压力，增进家庭成员间的感情。

（四）课堂小结（5分钟）

我们呼吁每个家庭成员都能平等地参与到设计家庭活动中来。全家人一起做一些有趣且开心的事情，这会给人带来美好的回忆。让我们计划并且行动起来吧！

※ 七、布置作业

1. 请与家庭成员分享今天课上的收获。
2. 将今天的心得作为日记写下来。

2. 与孩子探讨友谊

※ 一、课程背景

友谊是儿童社会性发展的重要因素。对友谊重要性的研究，可以从是否拥有朋友这一个维度扩展到多个维度，包括朋友的特征以及友谊的质量等。友谊影响儿童的诸多方面，友谊对儿童的学业成绩、社会行为、情绪调节、身心健康等方面均有重要影响。

※ 二、课程目标

1. 让家长了解友谊不仅可以帮助孩子解决冲突，更可以锻炼和提高孩子处理人际关系的能力。

2. 指导孩子了解友谊的内涵和建立良好友谊的重要性。

※ 三、重点、难点

1. 重点：让孩子学会辨别什么是真正的友谊及如何交友。
2. 难点：帮助家长寻找"引导孩子正确交友并尊重孩子友谊"的路径。

※ 四、教学、学法

创设情境法、小组讨论法。

※ 五、课程准备

1. 编排情景剧。
2. 歌曲《永远是朋友》。
3. 分组。

※ 六、教学过程

（一）课前约定（2分钟）

与家长约定：全程将手机设置为静音模式或关机，积极参与、大胆分享。

（二）热身活动：你说我说——家长的担忧（8分钟）

1. 分组讨论，然后以组为单位总结出问题。
2. 你了解孩子的朋友吗？
3. 你怎样看待孩子的朋友？
4. 对孩子交友你有哪些担忧？

（三）体验活动：情景模拟（30分钟）

体验活动一：情境表演一。（15分钟）

家长发现孩子经常和一些行为不端、成绩较差的孩子在一起玩，警告自己的孩子要远离那帮人，但孩子怒斥家长，认为父母污辱了自己的朋友，不让家长干涉他交友，甚至和父母反目为仇。父母认为孩子的朋友带坏了自己的孩子，进而更加痛恨孩子交的那帮朋友。

讨论：情景剧里这位家长的做法是否正确？如何正确认识并有效处理好孩子的交友问题？

总结：①家长告诉孩子交友的原则：既不请求别人也不答应别人去做违心的事情。家长可以让孩子自己判断自己所交的朋友符不符合这一原则。②尊重孩子的朋友，不要带着有色眼镜看待孩子的朋友。

体验活动二：情境表演二。（15分钟）

甲向家长哭诉，甲乙两人本是好朋友，因最近甲不再和乙玩，而是和丙玩，故乙很伤心，认为是丙抢走了他的好朋友。

讨论：如果你是甲的父母，你会怎么做？你该怎么引导你的孩子？请以组为单位，讨论后分享。

参考做法:①先与孩子共情。如果我失去这样一个朋友,我也很难过。②引导孩子换位思考,站在乙的角度想一想自己和丙玩的原因。③引导孩子解决问题,主动告诉乙,自己和丙玩的原因,邀请乙加入进来。④引导孩子结识新朋友后对待老朋友的方法。(播放歌曲《永远是朋友》中的"结识新朋友,不忘老朋友"这一段。)

※ 七、布置作业

1. 与家庭成员分享今天上课的收获。
2. 写一篇关于引导孩子正确对待友谊的心得。

3. 如何让孩子保持学习兴趣

※ 一、课程背景

爱因斯坦说:"兴趣是最好的老师。"兴趣是认识学习内容或积极参与学习活动的心理倾向,学习兴趣是学习积极性中很现实、很活跃的心理成分,是推动学生进行学习的内在动力。学习兴趣对小学生而言是学习的直接动力。孩子一旦对学习产生了兴趣,就会竭尽全力地投入学习活动中,并在学习中获得快乐和满足;反之,则会感到乏味和痛苦,产生厌学心理。因此,学习兴趣是学生主动学习、独立作业的基础,是学业成功、人生幸福的重要条件。

※ 二、课程目标

1. 通过学习,促使家长对如何保持孩子的学习兴趣有一个科学、合理的认识。
2. 能够根据所学内容,在日常生活中发掘、强化孩子的学习兴趣,并引导孩子逐渐将兴趣转化为稳定的学习动机。

※ 三、重点、难点

1. 重点:促使家长对如何保持孩子的学习兴趣有一个科学、合理的认识。
2. 难点:引导孩子逐渐将兴趣转化为稳定的学习动机。

※ 四、教法、学法

创设情境法、案例分析法、交流讨论法。

※ 五、课程准备

1. 辩论赛内容。
2. 便利贴。

※ 六、教学过程

(一)课前约定(2分钟)

与家长约定:全程将手机设置为静音模式或关机,积极参与、大胆分享。

（二）热身活动（4分钟）

思考：每个孩子都有比较擅长和不擅长的科目，如何把不擅长的科目转化为孩子感兴趣且擅长的科目？每人用一句话表达自己的观点。

（三）体验活动（28分钟）

体验活动一：辩论赛。（10分钟）

辩题：家长对孩子保持学习兴趣的作用大还是小？

分组：有A、B两个选项。A. 家长严厉地质问孩子为什么没考好或者批评孩子这段时间学习不努力；B. 不会批评孩子，依旧会和颜悦色地对待孩子，但是会想方设法提高孩子对学习的兴趣。

请家长根据所持观点分组，双方各派出3个代表展开辩论。

体验活动二：角色游戏。（18分钟）

人物：妈妈、儿子。

事件：孩子对背记英语单词没有兴趣，妈妈引导孩子，并与孩子约定，以激发孩子的学习兴趣。

角色游戏过程如下：

妈妈："今天老师教的什么单词啊？"

儿子："教的是一个很凶猛的动物——鳄鱼。"

妈妈："那你能给我拼读一下吗？"

儿子："all……alli……妈妈，我忘记了。"

妈妈："怎么会忘记呢？"

儿子："我真的不喜欢英语，也不喜欢背这些难记的单词，我记不住，每次背单词都想睡觉"。

妈妈："睡觉的单词怎么拼？"

儿子："sleep！s-l-e-e-p！"

妈妈："对啊，睡觉的英语单词你都能脱口而出，其他单词也没问题的，之所以你记不住是因为你不喜欢，你喜欢睡觉，睡觉也喜欢你，所以你就会拼，我相信你只要用心去学习，肯定学得很棒。"

儿子："可是我就是不喜欢英语啊。"

妈妈："这样，咱们玩个小游戏，以一个月为限，你赢了就满足你一个小愿望。"

儿子："好啊，你说。"

妈妈："这个月英语学习的主题不是动物园里的动物吗？你每次记一个单词就在卡片上写上这个单词，然后把它放到盒子里，每天往小盒子里放一个小动物，你随时可以把卡片拿出来复习，到月底时我们把小盒子动物园里的卡片都拿出来，如果你能把动物园里的每个小动物都拼写出来就算你赢了，那妈妈就满足你一个小愿望。"

儿子："没问题，成交，就以一个月为期限！"

讨论：通过这样一种方式引导孩子在快乐中学习，是不是更能保持他的学习兴趣呢？

（四）实践运用（6分钟）

结合孩子的学习兴趣，在组内交流自己的金点子，并将金点子写在便利贴上。最后，把写好的便利贴分类贴到相应的智慧树上。

1. 让孩子觉得学习是件轻松的事。
（1）当孩子表现出不自信时,不露声色地让他做一下以前做过的题。
（2）从孩子爱学的功课入手,有助于他攻克不擅长的功课。
（3）让孩子感受学习之外的成功体验。
2. 让孩子对学习的印象不再是"痛苦"与"黑暗"。
（1）最好对孩子说"别勉强",而不是说"学习去"。
（2）使用提议式而不是命令式。
（3）不要问孩子"是学习还是玩儿",而应该问孩子"你想什么时候开始学习?"
3. 在学习中加入"游戏"的因素。
（1）给别人找错,可以让孩子热衷做习题。
（2）利用"有趣的文具",作为孩子学习的"促进剂"。
（3）合理分配学习时间。
（4）通过抽签,让磨蹭不学习的孩子选择学习。
4. 把日常生活与学习结合起来。
（1）让孩子制订家庭旅行计划,也许会使他爱上地理。
（2）带领孩子去参观博物馆。
（3）全家人至少每天有一段在一起学习的时间。
（4）留意课堂上学不到的东西。
（5）平时散步、购物、访友时拐进书店,浏览群书。
（6）培养孩子 45 分钟的注意力。
5. 帮助孩子树立能学好的自信心。
（1）在小事上多表扬孩子。
（2）寻找孩子擅长的与学习相关的技能,并引导孩子留意这种技能。
（3）如果孩子极度厌学,就称赞他（她）与学习无关的性格和爱好。
6. 让别人替自己对孩子说。
（1）孩子听腻的话,可让别人说,孩子就有新鲜感。
（2）当着朋友和邻居的面表扬孩子。
（3）让孩子和同伴一起学习,他（她）就不得不学习。
7. 充分利用孩子的逆反心理。
故意使用激将法,对孩子说:"这个,你干不了。"

※ 七、布置作业

1. 尝试用上述"金点子"方法培养孩子的学习兴趣。
2. 写一篇学习心得。

4. 让孩子自信清晰地表达

※ 一、教学背景

语言是思维的外壳,是人与人之间交流的第一工具,被视为"人的第二张脸"。每个场合都需要用口说话、以声达意、以音传情。当今社会,语言使用的场合越来越多,使用的频率也越来越高。少年儿童时期是掌握语言最迅速、最关键的时期。让孩子从小自信清晰地表达,是促使孩子不怕困难、积极尝试、奋力进取以及获得更多经验和成长的重要桥梁。

※ 二、教学目标

1. 让家长认识到自信心和表达能力的重要性。
2. 帮助家长找寻"培养孩子自信清晰地表达"的路径。

※ 三、重点、难点

帮助家长找寻"培养孩子自信清晰地表达"的路径。

※ 四、教法、学法

角色扮演法、活动体验法、案例分析法。

※ 五、课程准备

1. 小品。
2. 相关案例。

※ 六、教学过程

(一)课前约定(2分钟)

1. 与孩子约定:坐端正,有问题请举手。
2. 与家长约定:全程将手机设置为静音模式或关机,积极参与、大胆分享。

(二)热身活动(6分钟)

请每组家庭为自己的家庭取名字,设计要展示的动作,并到台前展示。

(三)体验活动(30分钟)

体验活动一:角色互换游戏。(10分钟)

请一组家庭上台,孩子、家长互换角色,完成以下两个角色互换游戏。

家长带孩子上街时遇到熟人,家长让孩子打招呼,小孩不予理睬,看家长有什么感受。

孩子在玩玩具时突然被别的小孩抢了玩具,孩子什么都不说,也不哭,看家长有什么感受。

讨论:为什么会有这样的感受?怎样才能帮助孩子自信清晰地进行自我表达呢?

体验活动二:谁是最佳采访者。(5分钟)

播放欢快的音乐。要求:上课者相互采访,在5分钟内,以最快的速度与陌生成员热情地打招呼,并提到对方的详细资料。

体验活动三:小品表演。(15分钟)

人物:爸爸、儿子。

事件:儿子不愿意去参加英语朗诵比赛。爸爸问儿子原因,儿子以"我不行"来回复爸爸。爸爸苦口婆心,儿子暴怒、哭泣,仍旧认为自己不行。

交流:这一小品说明什么问题?

各小组竞相发言:这表现出儿子有自卑心理,缺乏自信心。

结论:儿子畏惧比赛,原因很多,不排除是自卑心理作怪。自卑心理就是还没有开始做某事件之前就已断定自己不行的情绪,这种心理对青少年健康成长危害较大。

讨论:如何树立孩子的自信心? 如何指导孩子自信清晰地表达呢?

总结:

1. 首先,为孩子营造安全、宽松、自由的氛围,使他乐于表达与展现自己。

① 当孩子在陈述故事与事件、表达自己的意见与想法的时候,耐心倾听,并鼓励他。

② 当孩子就一项事物引发安静思考或手舞足蹈、进行模仿等行为时,领会并尊重孩子自主表现出来的意图与方式。

③ 当孩子需要帮助的时候,鼓励他大胆说出来,并在他独立处理一些有挑战而又力所能及的、需与他人沟通的任务时,让他有"表达的成就感与自豪感"。

2. 其次,提高孩子的语言表达技能。

① 常与孩子一起看图书、讲故事;多带孩子外出,拓宽视野,丰富生活经验。

② 创造让孩子表达意见的机会。

③ 经常与孩子谈论他感兴趣的话题,并引导他说出自己的想法。

④ 不要替代孩子处理冲突,让孩子独立地处理与同伴的交往问题。

3. 最后,提高其他表达技能。

① 多让孩子接触自然,充分感受、观察与欣赏自然界与生活中的美好事物,萌发孩子对美的感受和体验。

② 鼓励孩子经常、大胆地通过绘画、手工、歌唱、舞蹈、表演等艺术活动表达自己的想法。

(四)课堂小结(2分钟)

玉有瑕疵,不能至善至美。正如每个人都有自己的优缺点一样。如何正确看待自己呢? 是对自己敬而远之,还是傲视一切呢? 答案都是否定的。人们只有做到欣赏自我,才能让自己的想法得到别人的认可与支持,也能使自己得到更多的关注和帮助。孩子从不缺乏自信心和表达力,只是欠缺合适的引导方法。

※ **七、布置作业**

1. 让孩子在小区内与陌生小朋友主动打招呼,并一起玩耍。

2. 抽出时间,多与孩子沟通和交流。

5. 培养宽容而不怂的孩子

※ 一、课程背景

当今社会,很多孩子在家里备受宠爱,故变得自私、狭隘。"以自我为中心""娇生惯养""性格缺陷"逐渐成为当下媒体的高频词。如何培养孩子宽容的品质,如何引导孩子在面对困难和挫折时不逃避,成为不少家长亟须解决的问题。

※ 二、课程目标

1. 通过活动,让家长了解培养孩子宽容品质和面对挫折不逃避的影响。
2. 通过活动,指导家长找寻"培养宽容而不怂的孩子"的路径,了解自身行为习惯对孩子行为习惯和性格养成的影响。

※ 三、重点、难点

1. 重点:让家长了解培养孩子宽容品质和面对挫折不逃避的重要性。
2. 难点:指导家长找寻"培养宽容而不怂的孩子"的路径。

※ 四、教法、学法

活动体验法、情境演绎法、理论联系实际法。

※ 五、课程准备

1. 《宽容世界》视频。
2. 案例、剧本。

※ 六、教学过程

(一)课前约定(2分钟)

与家长约定:全程将手机设置为静音模式或关机,积极参与、大胆分享。

(二)热身活动(8分钟)

1. 请家长们聆听古典音乐,思考:你希望你的孩子成为一个怎样的人?
2. 观看《宽容世界》视频。

(三)体验活动(30分钟)

体验活动一:情景剧表演。(15分钟)

小宇,小学二年级学生,从小到大,无论是在父母还是在学校老师的眼睛里,他都是一个品学兼优的好学生。因此,他从不缺少夸奖和赞美之声。这天,老师在课堂上表扬了一名平时学习成绩比他差的同学,这让他很不高兴。于是,一下课他就把那个同学打了。老师给家长打电话,告知了这一事件。

讨论:如果你是这位家长,你会怎么做?

体验活动二:观看视频。(15分钟)

孩子滑滑梯时发生碰撞,妈妈失控,请看视频。

讨论:看了这个视频,你最想说什么?你是否也经历过类似的事情?你是如何解决的?

总结:为了孩子的健康成长,父母要尽早纠正孩子的不当行为。此外,父母要给孩子树立一个良好的榜样,让孩子在潜移默化中养成豁达、勇敢的性格。

※ 七、布置作业

1. 亲子共读寓言故事《与鹿争食》,并一起谈一谈读后感。
2. 撰写学以致用小案例。

6. 如何正确看待考试

※ 一、课程背景

从社会学角度而言,考试更多的是对社会资源尽可能公平分配所运用的一种工具。从个人角度而言,学习的目的不是为了考试,而是为了能学到真正的知识,获得能力,为自己所用。因此,考试最终指向的是对学习能力的考核。

※ 二、课程目标

1. 通过案例和活动,让家长理解考试的实质,意识到正确看待考试的重要性。
2. 巧妙地将《正面管教》中的教育方法渗透到课程中,让家长正向、客观地与孩子进行交流。

※ 三、重点、难点

1. 重点:引导家长对考试有一个科学、合理的认识。
2. 难点:面对孩子的考试分数时,家长能够用正确的方法与孩子交流。

※ 四、教法、学法

活动体验法、情境演绎法、理论联系实际法。

※ 五、课程准备

1. 情景剧脚本。
2. 调查记录视频。

※ 六、教学过程

（一）课前约定（2分钟）

要求家长全程将手机设置为静音模式或关机，积极参与、大胆分享。

（二）热身活动（7分钟）

观看"考试后爸爸妈妈是怎么做的"小调查视频，并展示有关考试的漫画。

交流：在你眼中考试是什么？你为何会那样对待孩子？请用"考试是_____"来表达自己的想法。

展示考试的定义和目的：考试是一种严格的知识水平鉴定方法。考试主要有两种目的：一是检测考试者对某方面知识或技能的掌握程度；二是检验考试者是否已经具备获得某种资格的基本能力。从这两种目的看，考试可以分为效果考试和资格考试。学生的考试都是前者——效果考试。

（三）引入主题（15分钟）

1. 讨论：针对"考试是检测考试者对某方面知识或技能的掌握程度"这一话题展开讨论。

交流：说说自己在孩子考试前后的做法，效果如何？

讨论：考试后为何亲子关系变糟？家长换位思考过孩子的感受吗？

结论：得出惩罚和奖励的后果。

大多数家长采用奖励和惩罚两种常用的教育方法。但有研究发现，两者均会产生不良后果。

惩罚的四个后果：报复、怨恨、叛逆、逃避。

奖励的四个后果：削弱内在动机、侵蚀亲子关系、最终失去效力、不能建立起责任感。

（四）体验活动（12分钟）

情景剧表演。

人物：爸爸、妈妈、孩子。

故事情节：一次考试后，家长看到孩子低着头躲到自己的房间去了，心想，孩子考试不理想，心里一定很难受，再雪上加霜可不好。于是两口子商量好，故意站到孩子房间门口对话。

爸爸说："今天孩子没考好，我们今天说的话可别让孩子听见。"孩子心想："越不让我听我越听。"

爸爸接着说："孩子心里难受，咱们今天别批评他了。"孩子心想："我爸不批评我了。"听得更认真了。

这时妈妈说："别看孩子没考好，可他有志气，肯定能吸取教训，我们的好儿子一定正在偷偷下决心呢！"

爸爸又说："孩子没考好，也不全怨孩子，我们也有责任，我们俩得先做检讨。"

妈妈又说："我们的孩子要强，他会努力的……"

孩子听到这儿眼泪不知不觉地流出来，冲出房间扑到妈妈怀里说："妈，您放心吧，这次我虽然没考好，下次我努力，一定能考好的……"

讨论:你觉得上面的家长做得怎样?有哪些值得我们学习的地方?

分析:这对夫妇对孩子没有语言上的训斥,而是用鼓励的方式来感化孩子。

（五）课堂小结(4分钟)

讨论:通过这堂课的学习,接下来你会怎样看待孩子的考试?

总结:家长对待考试,要从关注孩子的考分转到关注孩子的知识掌握情况上,把考试看作是发现问题、查漏补缺的工具。考试前,家长不要过分关注,那样会给孩子无形的压力。考试后,家长要控制情绪,鼓励孩子并辅助孩子正面解决问题。

※ 七、布置作业

1. 选择某一次考试(也可以是作业批改),分享您对这一次考试的处理方式(对话形式)。
2. 撰写一份学习心得。

第五节　五年级家长课程

1. 青春期的生理和心理变化

※ 一、课程背景

青春期的男孩在生理和心理上都会发生巨大的变化,进而可能会导致行为上的混乱与无序。"心理发生论"把心理过程的发展变化放在首位,更强调从心理的内部因素去揭示青少年心理发展的规律。青少年会暂时陷入内部的心理冲突,被抑制在潜意识中的过去的心理性冲突会再次苏醒。青春期主要的挑战是解决这些冲突,重建内心的平衡。尽管这个过程是由青春期激素的变化引起的,但是青少年面临的冲突则取决于他/她家庭生活的早期经历。

因此,对孩子来说,青春期是人生中最关键、最困难的时期,同时也是最需要父母理解和帮助的时期。对于家长来说,只有望子成龙的良好愿望是不够的,还需要用心学一点生理学、心理学和社会学知识,才能了解孩子的生理变化、心理成长和行为特征,帮助孩子顺利成长。

※ 二、课程目标

1. 帮助家长初步认识青春期孩子发展变化的特点。
2. 帮助家长了解生理健康及心理健康的标准。
3. 帮助家长学会应对孩子青春期的生理和心理的变化。

※ 三、重点、难点

了解孩子青春期将出现的变化,并掌握相应的亲子沟通策略。

※ 四、教法、学法

谈话法、情景法。

※ 五、课程准备

器材、道具、音乐、视频、PPT等。

※ 六、教学过程

（一）课前约定（2分钟）

要求家长全程将手机设置为静音模式或关机，积极参与、大胆分享。

（二）热身活动（5分钟）

1. 相互了解，自我介绍。
2. 小组讨论。
（1）青春期后，男孩、女孩生理和心理会出现什么变化？
（2）面对这些变化，有哪些问题是需要我们特别关心的？请大家写一写。
3. 青春期男孩和女孩的生理变化，如图4-7所示。

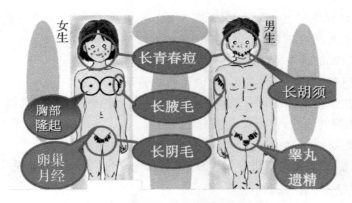

图4-7　青春期男孩和女孩的生理变化图

心理变化具体表现在以下几方面：
①因身体上的变化而感到困惑。
②与异性同学交往由疏远到密切，有强烈的性意识。
③自己的行为越来越受到同学或朋友的影响，受父母的影响越来越少（逆反心理）。
④独立性增强，自己的事希望自己做决定。
⑤情绪和情感丰富而强烈，但不稳定，易冲动，对行为后果考虑不周。
⑥对相貌及身材格外重视。

（三）体验活动（23分钟）

体验活动一：角色体验。（13分钟）

小明和小伟是好朋友，他们现在上初二了，小明面对自身的一些变化产生了一些困惑。

以下是课间他俩之间的对话。

小明:"你看他个头那么高,那么英俊,而我又矮又黑,像个矮冬瓜,我在别人面前都抬不起头来,我不愿意参加集体活动,也不愿意跟其他人交往,恨不得天天把自己关在房间里。"

小伟:"你不用自卑,我的个头也不高啊,我问过我妈妈,她说每个人发育的时间是不同的,有早有晚,我们可能属于发育晚的,不用太着急。"

小明:"哦,可是我脸上还冒出了好多小痘痘,你不觉得很丑吗?"

小伟:"不会呀,我们的生活老师不是说了嘛,脸上长痘痘正是我们成长的表现,说明我们已经长大了,你应该觉得高兴才对呀!如果你还有疑问的话,明天下午咱们学校不是有一个青春期教育的讲座吗?我们一起去听听。"

小明:"好吧!"

第二天,两人又相遇了。

小伟:"怎么样,听完讲座有什么收获啊?"

小明:"嗯,我现在明白了,我就是我,爹娘把我生成这样了,我也不能改变,因此我要学着接受我自己。再说了我身上也有很多优点,我虽然个子矮,但是我声音洪亮,普通话标准,我要充分发挥自己在语言方面的优势,争取在比赛中为我们班级争光。另外,我还要认真学习,努力提高自己的文化素养和品德修养,因为一个人的美不仅仅体现在外表,更重要的是内在的美。"

不久之后,学校举行主持人大赛,小明凭着自己敏捷的思维、大方的谈吐夺得了一等奖,回到班里,同学们都用赞赏的目光看着他,并把热烈的掌声送给了他……

体验活动二:我的过去。(10分钟)

1. 找一找爸爸妈妈小时候的照片,说说你的感受。
2. 观察现在爸爸妈妈的样子,采访爸爸妈妈此时的想法,你喜欢他们现在的样子吗?对于爸爸妈妈相貌的改变,你有什么想说的?
3. 听爸爸妈妈回忆过去的故事。听完后,说说你的感受。
4. 总结:外貌的变化是很正常的,心理也会发生变化,我们要学会悦纳现在的自己。

(四)实践运用(10分钟)

1. 家长们该怎样应对孩子的变化?

(1)鼓励孩子与同龄人交往。

在童年时代,父母亲是孩子最重要的心理支撑:不懂的事情问父母,不会做的事情找父母,是非判断顺从父母,得失取舍请教父母……一切都那么自然。而到了青春期,他们不愿意再像以往那样依赖父母,甚至渴望摆脱父母的控制。在进入青春期后,最能影响孩子的不是父母,而是他的同龄人。

(2)欣然面对"反叛"。

①请记住要像对待成人一样对待你的孩子。已经进入青春期的他们不会再简单地服从并执行你的命令。

②请记住你的孩子有发表意见和观点的权利。家庭的"重大决策",比如消费品和高档电器的添置、度假的方式和地点,甚至父母工作的变动,都应当让他们知道,听取他们的意见,并且尽可能加以采纳,有时他们的想法比成人更精彩。

③请尽可能理解你的孩子。青春期的孩子处在从幼稚走向成熟的过渡期,他们的意见、判断很可能是不妥当甚至是荒唐的。家长可以提出不同的看法,但在否决孩子意见的同时,要表达出你对他想法的理解。虽然家长不接受孩子的意见,但是家长应当懂得他的想法,明白他的感受。

④请让你的孩子知道界限的原则。青春期的孩子在许多问题上还不具备独立承担和处理问题的能力,家长在某些事情上实施"绝对权利"是合理的。但是家长应当让孩子了解不可逾越的界限在哪里,不可违反的原则是什么。当然,如果家长的界限和原则过多,则形同虚设,会遭到孩子或明或暗的坚决反抗。

2. 了解青春期孩子的心理健康标准。

(1)有正确的自我观念,能了解自我,悦纳自我,能体验自我存在的价值。
(2)乐于学习、工作和生活,保持乐观积极的心理状态。
(3)善于与同学、老师和亲友保持良好的人际关系,乐于交往,尊重友谊。
(4)情绪稳定、乐观,能适度地表达和控制情绪,保持良好的心境状态。
(5)保持健全的人格。
(6)面对挫折和失败具有较高的承受力,具有正常的自我防御机制。
(7)热爱生活、热爱集体。
(8)心理特点、行为方式符合年龄特征。
(9)能与现实的环境保持良好的接触与适应。
(10)有一定的安全感、自信心和自主性,而不是过强的逆反状态。

※ 七、布置作业

1. 回家后与孩子分享自己青春期生理、心理的变化。
2. 写一篇关于引导孩子正确面对青春期问题的案例或心得。

2. 关注孩子的"朋友圈"

※ 一、课程背景

处于心理"断乳期"的青少年,随着独立意识的增强,为摆脱家庭或学校权威的约束,喜欢与同龄人沟通交流。孩子在成长过程中,朋友圈对其影响不可忽视。父母一定要关注孩子的朋友圈,引导孩子主动交朋友,用心维护朋友间的友谊,让朋友圈成为引导孩子积极向上的助力之一。

美国著名心理学家埃里克森认为,青春期是解决"同一性"、对抗"同一性混乱"的危机阶段,青春期的变化和社会对年轻人的特定要求共同形成了这一危机。青春期面临的挑战就是如何成功地解决同一性危机,从而对于"我是谁""我怎么样""我将要走向何方"等问题,获得内在一致的想法。

※ 二、课程目标

1. 让家长明白伙伴价值的重要性。

2. 帮助家长教会孩子如何用心维护朋友间的友谊。

※ 三、重点、难点

引导家长深入孩子心灵内部,与孩子做心灵上的沟通。

※ 四、教法、学法

谈话法、情景法。

※ 五、课程准备

一张白纸、PPT。

※ 六、教学过程

(一)课前约定(2分钟)

要求家长全程将手机设置为静音模式或关机,积极参与、大胆分享。

(二)热身活动(5分钟)

家长进行自我介绍,内容须包括但不限于两要素,如姓名(谁的家长)、爱好等。

(三)体验活动(30分钟)

体验活动一:寻人。(15分钟)

1. 活动道具。寻人信息卡、笔。
2. 活动场地。室内、室外均可。
3. 活动程序。

(1)寻人行动。要求学生根据寻人信息卡上的信息,在8分钟内找到具有该特征的人,简单交流后签名。

(2)大家交流寻人信息卡(表4-1),看看谁的签名最多。主持人邀请有代表性的家长进行交流,如签名最多的和某一特征签名最少的。

(3)交流完毕后,主持人在全班梳理信息,请具有同一特征的人站立一排,并相互介绍与交流。

表4-1 寻人信息卡

序号	特征	签名	序号	特征	签名
1	穿39码的鞋		17	戴眼镜	
2	会打乒乓球		18	补过牙	
3	有白发的人		19	穿黑色袜子	
4	喜欢听古典音乐		20	喜欢唱周杰伦的歌	
5	去过北京		21	喜欢上网聊天	
6	骑自行车上学		22	当过志愿者	

续表

序号	特征	签名	序号	特征	签名
7	身高170厘米		23	网络游戏高手	
8	妈妈是教师		24	有住院开刀的经历	
9	校运动会获过奖		25	体重54千克	
10	读过韩寒的书		26	喜欢红色	
11	参加过爱心捐款		27	喜欢爬山	
12	未来的理想是当医生		28	不是本地人	
13	四月出生		29	爱养小动物	
14	色盲、色弱		30	想报考外地大学	
15	某学科的课代表		31	理科为强项	
16	擅长游泳		32	崇拜贝克汉姆	

4．注意事项。

（1）本游戏可以在陌生群体中进行，让学生学会主动交往与沟通，也可以在同班学生中进行，通过"寻人"活动，增强同学之间的进一步了解。

（2）在一个栏目中可以签多人的名字，看看谁签的名字多。主持人要求签名人确认。

（3）符合同一特征的学生相互交流后，派一名代表在全班分享。

（4）寻人信息卡中的信息可以根据学生的实际特点增减。

体验活动二：设计个性名片。（15分钟）

1．活动道具：每人准备一个胸卡、若干彩色笔。

2．活动场地：室内、室外均可。

3．活动程序。

（1）主持人发给每位学生一张空白的胸卡，将彩色笔放于场地中央。

（2）在5分钟时间内，每位学生为自己设计一张个性名片，插入胸卡内。

（3）个性名片要求：不少于5条个人信息；除文字外可用图形等多种形式表示；可以使用多种颜色的笔。

（4）小组交流，集体分享。

4．注意事项。

（1）5条个人信息可以是具体的，也可以是抽象、含蓄的，但要求是个性化的。

（2）对典型案例，要进行交流并重点提问，深入挖掘个性特质，帮助当事人进一步了解自己。

（四）实践运用（3分钟）

（1）如何主动交到好朋友？

时时记住"我能帮你做什么？"表现出最真实、最棒的自己，而不是总想从对方身上得到什么。

（2）如何维护朋友间的"友谊"？

以绘本引入"友谊的小船说翻就翻"这一话题，讨论"翻船"的几种情况。分析原因，各个击破。

情景表演：

A. 小明本来上课不认真，看到小伙伴们都很投入，没人理他，只好乖乖听课。采访小明的内心想法(积极同伴压力)。

B. 对方让自己干一件自己不愿意的事，如对方让自己把作业给他抄(消极同伴压力)，如何拒绝？

※ 七、布置作业

1. 用课上学到的方法与孩子沟通上课的收获。
2. 一周内交一份心得体会。

3. 心平气和的青春期

※ 一、课程背景

对青春期的孩子，父母若指导不当，会严重影响父母与孩子的感情交流。其实，孩子在这个年龄迫切要求有独立的人格以及被他人尊重，父母指导得法，孩子就能够顺利度过青春期，迈上新的人生阶段。

社会学中关于青春期的研究理论，常常把注意力集中在代际关系上，并倾向于强调年轻人，尤其是处在工业社会中的年轻人，从青春期到成年期遇到的困难。其中主题之一，是关于年轻人边缘化的问题，并强调成人一代和青少年一代在权力上存在的差异。这一主题的代表人物是勒温(Kurt Lewin)。勒温认为，儿童和青少年个体同其所处环境组成不可分的心理生活空间。在这一空间里有各种区域关系，有各种力量的相互作用，它们共同影响心理活动的发展。个体发展的一个主要特征，是随着年龄的增长，生活空间中尚未分化的区域开始逐渐分化，并同时对各子领域进行重新建构。青春期是由儿童的"心理场"向成人"心理场"过渡的时期。由于儿童与成人在"生活空间"上都有明确的界定，而青少年处于儿童和成人之间的过渡阶段，勒温称他们是"边缘人"。青少年既不完全属于儿童，也不完全属于成人，因而常常表现出一系列的矛盾和冲突，如抱负水平不稳，拘谨、害羞，容易采取极端立场和观点，富有攻击性等。

父母和社会上的其他成员往往以一种模棱两可的方式对待他们，特定的儿童式行为方式不再被接受，而成人的行为方式又不被允许。青少年对自己的社会地位和所要承担的义务还没有明确的认识，他们对自己的行为具有一种不确定感。因此，青春期最重要的发展任务就是实现青年的社会化。社会化的基本内容和方式就是不断扩大青年的活动和交往范围，从而使他们与环境趋向平衡，建立起新的"心理场"。

※ 二、课程目标

通过学习，让家长了解青春期是亲子沟通最容易出现问题的时期，由于青春期孩子对父母的反叛，这一时期许多家庭都会出现亲子沟通障碍。一些家庭甚至会出现父母与孩子互不理睬的尴尬局面。因此,父母在与孩子的相处过程中要学会运用一些沟通技巧。

※ 三、重点、难点

学会倾听孩子的心声并不带情绪地与孩子沟通。

※ 四、教法、学法

谈话法、情景法。

※ 五、课程准备

音乐、彩纸、剪刀。

※ 六、教学过程

(一)课前约定(2分钟)

要求家长全程将手机设置为静音模式或关机,积极参与、大胆分享。

(二)热身活动(5分钟)

1. 游戏:串名字。

所有参与人员围成一圈,从第一位家长开始自我介绍,如:我是××年级××班××的爸爸/妈妈,我眼中青春期的特征是××;接着第二位家长介绍,但是要说我是××后面的××,这样依次下去。

通过该游戏,可活跃气氛,打破僵局,加速家长之间的相互了解。

2. 设置课堂约定。

家长之间相互讨论,时间限定5分钟,到时间后以关灯作为提醒信号。

(三)体验活动(25分钟)

体验活动一:剪纸游戏。(15分钟)

1. 活动道具:16开大小的彩纸若干张、剪刀若干把。
2. 活动场地:室内、室外均可以。
3. 活动程序。

(1)第一批游戏参与者从主持人处领取彩纸一张、剪刀一把,背朝圆心、面朝外,围成一个圆圈坐好。参与者按照主持人指令,把纸向上折、向下折,剪去一个等腰三角形;再向左折、向右折,剪去一个等腰三角形;最后展开剪剩的纸,互相交流。

第一批游戏参与者剪纸过程中不允许提问、讨论,要求独立完成。

(2)第二批游戏参与者从主持人处领取彩纸一张、剪刀一把,面朝圆心、背朝外,围成一个圆圈坐好。参与者按照主持人指令,将长方形纸横向拿好,由左向右折1/3,再由右向左折1/4,在左下角剪去一个腰长为2厘米的等腰三角形;将剪剩的纸上下对折,由左向右折1/4,再由右向左折1/3,在右下角剪去一个腰长为1厘米的等腰三角形;最后展开剪剩的纸,互相交流。

第二批游戏参与者在剪纸过程中允许提问和讨论。

(3) 讨论:两次剪纸过程最大的区别有哪些?从中得到的启示是什么?

4. 注意事项。

(1) 主持人准备的长方形彩纸,长与宽的差距不宜过长,以接近正方形为好。

(2) 第一轮结束,可以让参与者谈一谈感受,再进行第二轮。两轮的参与者可以相同,也可以不同。

(3) 第一轮游戏时参与者不可讨论、提问,第二轮游戏时启发参与者互相参考、讨论及向主持人提问。

(4) 注意捕捉与众不同的、有创意的作品。

体验活动二:说说我的心里话。(10分钟)

1. 家长面对面坐着,并注视对方。
2. 说说孩子眼中的爸爸妈妈。
3. 爸爸妈妈说说眼中的孩子。
4. 彼此分享一件最近的烦恼的事情,或者一个小秘密。
5. 说说听完分享后的感受。

总结:父母与孩子之间是可以真诚沟通的,只要双方放下情绪,坐下来好好说话,一切问题都是可以解决的。青春期的孩子比较敏感,亲子之间更要多沟通、多理解。

(四) 实践运用(8分钟)

1. 改善亲子沟通。

(1) 倾听。青春期孩子的父母尤其要注意多听少说。这时期的孩子本来就不愿跟父母多说,父母说得多了,孩子觉得厌烦,就更不会说了。也许有父母觉得,不多说就管不住孩子,事实上,有统计数字表明,父母说得越多,孩子听得越少。

(2) 运用"我的信息"。由于青春期孩子的特殊性,父母与孩子沟通时更要少评判、少指责,而更多地运用"我的信息",以平等的态度对待孩子,让孩子理解父母的感受。这样的沟通才会真正有效。

(3) 控制情绪。由于青春期孩子的反叛,父母常常会有情绪,若带着情绪沟通,孩子更不能接受。许多家庭经常爆发"亲子战争"。

2. 给孩子提供支持。

青春期的孩子生理上开始逐渐成熟,而心理发展相对滞后。他们急切希望摆脱父母,但面对现实常常不知所措,他们的内心深处充满了困惑和矛盾,也常常会因幼稚而犯错。面对犯错的孩子,这时父母一定要坚定地站在孩子身边,完全接纳孩子,并给孩子提供帮助。也只有如此,孩子才能有勇气从失败中重新站起来,吸取经验教训,继续成长。批评和指责只会让孩子更加远离父母。

3. 充分地信任孩子。

父母要充分地信任孩子。许多父母总盯着孩子不放,家中时不时爆发"亲子战争",有些孩子甚至离家出走。其根本原因,就是父母过度担心孩子,而这种担心常常转化为亲子间的压力。家长一味地盯住不放,只会导致孩子逆反,最终走向父母的对立面。

4. 现象分析。

现象一:偶像追星。

我们身边不乏一些痴迷偶像的粉丝，他们在机场彻夜等候为偶像接机，在偶像见面会上疯狂尖叫，掏钱支持偶像的演唱会，等等。青少年无疑是粉丝群体的主力军。

通常，父母大多不会支持孩子的追星举动，若贸然干预孩子，就会导致家庭矛盾。事实上，偶像对于孩子具有特殊的意义，偶像是孩子理想中的自我，他们通过偶像来标榜自我。当孩子追星的现状难以改变的时候，父母不妨尝试着去接受，并加以利用，引导孩子朝好的方向发展。

孩子崇拜偶像有一定的必然性，父母可以尝试加以了解。偶像除了具有美丽和帅气的外表以外，还有其独特的人格特质和个人魅力。比如，有的明星坚持梦想，非常敬业，热衷公益等，这些都是值得青少年学习的品质。家长可以引导孩子学习偶像的良好特质。

总之，在孩子追星的问题上，父母需要利用偶像的积极面，鼓励孩子学习偶像的优点，完善、发展自己。片面的打击或是禁止孩子接触偶像起不到任何正面效果，只会引发孩子的反叛心理。此外，父母还可以通过及时了解孩子的偶像，从侧面掌握孩子的价值观、审美观和对事物的看法，从而和孩子拉近距离。

现象二：恋网成瘾。

网络已成为我们日常生活中不可或缺的一部分。部分青少年恋网成瘾，荒废了学业，家长忧心忡忡。

事实上，要想完全阻断孩子与网络的接触并不现实。避免孩子恋网成瘾，可控制青少年的上网时间，这不失为一种有效的方法。在孩子上网之前，父母与其约定上网时间，这样孩子也容易接受。若在孩子玩兴正浓时加以制止和限制，孩子通常很难听进去。

网络是把"双刃剑"，家长也可以利用网络拉近与孩子的距离。例如，家长可尝试运用微信、微博等社交平台与孩子积极互动，这样，家长不仅可以关注孩子的动向，也可以利用社交平台写下对于生活点滴的感受，让孩子了解父母的所思所想、喜怒哀乐。此外，父母还可以多逛逛孩子喜欢的网站，了解他们的关注热点，在亲子的互动中培养共同兴趣，实现无障碍沟通。

父母要充分地信任孩子，该放手时就放手，让孩子自由去闯荡、体验，孩子累了、受伤了，自会想起父母温暖的港湾。

※ 七、布置作业

1. 与孩子谈一谈青春期遇到的问题与困惑。
2. 用文字形式分享上课感想及与孩子有效沟通的案例。

4. 让网络为生活和学习服务

※ 一、课程背景

近年来，网络已经成为青少年生活中的一部分。有一位美国学者对青少年进行了长期的跟踪研究，发现当青少年上网过度时，极易诱发人脑出现幻觉，内心的孤独感与抑郁加倍。国内研究表明：沉迷网络的青少年极易出现红眼、流泪、食欲下降、失眠、视力减退、头痛、头晕等不良状况。上网时间与青少年的身心健康状态有密切关系。

中国网民中,青少年占比最大,而且上网时间较长。全国每年被学校开除学籍的学生里,因为上网时间较长影响学习者占相当一部分。孩子10~11岁进入青春期后,网络世界对孩子的吸引越来越大,如何让网络为孩子的生活与学习服务,让孩子用好网络这把双刃剑,是每个家庭需要面对的问题。

※ 二、课程目标

1. 让学生认清网络的利与弊。
2. 学会健康、合理地利用网络,处理好上网与学习、生活的相互关系。

※ 三、重点、难点

帮助父母引导孩子正确利用网络。

※ 四、教法、学法

谈话法、情景法。

※ 五、课程准备

PPT。

※ 六、教学过程

(一)课前约定(2分钟)

要求家长全程将手机设置为静音模式或关机,积极参与、大胆分享。

(二)热身活动:快问快答(5分钟)

1. 当今最快的信息传输方式是什么?
2. 当今最时髦的话题是什么?
3. 当今最快的交友方式是什么?

(三)体验活动(20分钟)

体验活动一:角色体验。(10分钟)

网络扩大了信息容量,开阔了我们的视野,对学校、社会和家庭都产生了巨大的影响。小学生更是对这一新鲜事物产生了极大的兴趣。有人说,网络是有益的,它带给我们许多便利;有人说,网络是个陷阱,进去了就迷失了自己。网络到底是好是坏,各有纷说。

(放学铃响)小网(出场):"哈哈,终于放学了!哎!活着真累,站着就想睡,吃饭要排队,而且没香味,学习呢,特疲惫!"

女同学:"小网,等等我(到跟前),刚才你说什么啊,学习有什么不好?"

小网:"反正我也不在乎了。我是学习不突出,体育不突出,腰间盘突出;上课不发言,扁桃体发炎。(加动作)这年头我招惹谁了?哎,下午的课不去上了,还是去上网好,小虫你说是不?"

小虫:"可不是?不就是逃逃课、上上网嘛,有什么大不了的?"

女同学:"逃学去上网还不算什么?"

小虫:"比起那些杀人放火、打劫抢家者,根本不算什么。再说了,玩游戏也是开发智力,谁跟我一起去?小亮、小马,你俩是不是我哥们,是哥们就一起去玩玩嘛!"

小亮:"可是我作业还没有做完。"

小马:"我爸妈知道了我逃课去上网,肯定要骂我。"

小虫:"你们怎么这么胆小?去不去,一句话!"

小亮:(心里不想去,但是又怕朋友嘲笑。)

小马:(上网是挺好的,但是不和爸爸妈妈交代就去,行不行?)

体验活动二:我们的故事。(10分钟)

1. 爸爸妈妈拿出儿时的信件等物件,与孩子共同观察。

2. 爸爸妈妈说一说,自己小时候是如何与人沟通交流的,就爸爸妈妈的故事,孩子可以提问。

3. 孩子也说一说,现在的孩子是通过什么方式与人沟通的。

4. 亲子之间就不同的信息传输方式,说说各自的利弊。

总结:网络只是一种获取信息的手段,只有合理地利用网络,网络才能成为我们学习、生活的助力。

(四)实践运用(13分钟)

1. 关于网络利弊的小组讨论。

(1)网络的作用。

(2)网络的弊端。

小组讨论,代表发言。网络给我们的学习、生活带来了很多的便利,青少年应该学会合理利用网络,更好地为自己服务。

2. 关于网络游戏的小组讨论。

(1)网络游戏能满足人的什么心理?

(2)什么样的同学易沉迷于网络游戏?

(3)沉迷于网络游戏会带来哪些危害?

(4)该如何处理玩网络游戏与学习的关系?

3. 关于网上交友的小组讨论。

(1)网上交友给我们带来哪些好处?又有什么隐患?

小故事:《秘密》。

思考:如何健康上网?

4. 网络时代的心理健康。

(1)什么是"网络心理障碍"?有哪些表现?

(2)你认为"网络成瘾"的原因是什么?

(3)如何预防"网络心理障碍"?

总结:我们要成为网络的主人,让网络成为我们学习、生活的好助手,我们要以一种健康的方式去享受网络带给我们的乐趣!

七、布置作业

1. 与孩子分享自己在生活中是如何利用网络的,并让孩子谈一谈自己的看法。
2. 撰写学以致用的小案例或心得。

5. 一份家庭支出的账单

一、课程背景

随着经济社会的发展,消费理财问题成为我们避无可避的问题之一。孩子虽小,但是他们也无可避免地要与金钱打交道。现代社会,财商是与智商和情商并列的三大不可缺少的能力。理财能力也是孩子将来生存发展的必备技能。家长要培养孩子的金钱观,提高理财能力,提升财商,为孩子将来的快乐人生保驾护航,给予他一个更广阔的人生。

《消费文化背景下青少年价值观研究》(杨淑萍著,中央编译出版社)一书指出:消费文化作为消费社会系统的文化凝结,构成了当代人们不可回避的社会文化背景,并以一种生活化的文化样态介入人们的生活世界和观念世界,在塑造人们消费者身份的同时也重塑着人们的价值观念,深刻地影响着年轻一代的健康成长与发展。青少年正处于身心发展的关键时期,环境因素对于其自我概念的形成至关重要。本课程通过早期的金钱教育,帮助儿童树立一个正确积极的金钱观,掌握初步的理财技巧,形成良好的理财习惯。

二、课程目标

1. 让家长认识到孩子参与家庭支出管理的重要性。
2. 让家长学会和孩子一起制作家庭支出的账单。

三、重点、难点

1. 重点:帮助家长引导孩子树立正确的消费观和金钱观。
2. 难点:让孩子懂得为家庭分担,有责任感。

四、教法、学法

谈话法、情景法。

五、课程准备

1. PPT、音乐和视频。
2. 电脑、话筒等。

六、教学过程

(一)课前约定(2分钟)

1. 与孩子约定:谁讲话时看着谁、坐端正、不乱跑、积极参与。

2. 与家长约定:全程将手机设置为静音模式或关机,积极参与、大胆分享。

(二)热身活动(5分钟)

1. 自我介绍。
2. 大家走出自己的座位,认识前后左右四位家长,向大家介绍自己。
3. 谈一谈对孩子关于金钱观的教育方法。

(三)体验活动(27分钟)

体验活动一:亲子头脑风暴。(12分钟)

风暴一:父母自己小时候对钱的意识是从什么时候开始的?第一次完全自主消费是几岁?是在什么情况下发生的?

讨论:回忆自己的经历,思考如何在孩子幼年时期帮助他树立良好的金钱观。

小结:让孩子接受金钱知识,从生活中的点滴开始,言传身教,告诉孩子什么是可以自主支配的金钱,什么是不可以自主支配的金钱。

风暴二:零花钱的意义何在?

当孩子要求父母给零花钱的时候,家长到底给还是不给?怎么给呢?

讨论:该不该给孩子零花钱?给多少?怎么给?(小组代表发言)

总结:零花钱对孩子的意义。

(1)钱币可作为孩子的智力玩具。无论是硬币还是纸币,都蕴藏着丰富的细节和文化内涵,家长可以借此提高孩子观察能力并普及文化常识。

(2)金钱观。让孩子懂得金钱是劳动所得、用来满足生活需要的。让孩子看父母的工资单,从而了解父母的工作。

(3)消费观。让孩子了解基本消费和奢侈消费的区别,认识节约是对劳动的尊重,杜绝奢侈消费、攀比心理。

(4)自主能力。定期、定量地给孩子零花钱,规定孩子一部分零花钱用于买文具,剩余的零花钱可自由支配,促进孩子的自主意识的培养。

(5)财商培养。适当地让孩子参与家庭理财计划,引导孩子养成理性消费的能力,向孩子渗透开源节流的意识。

体验活动二:"爸爸银行"。(15分钟)

1. 原理。

给孩子储蓄的动力、尊重孩子的产权是财商教育的开始,要让孩子有发自内心的动力把钱存下来。对大人来讲,这动力就是收益,对孩子也是一样,但孩子对"年收益"没概念。

相信大家都听过延时满足能力的测试:在一个密封的教室里,摆了很多糖果,每一位孩子都能分到一颗。如果孩子能坚持到下课才把糖果吃掉,就能另外多得一颗糖果。据跟踪调查发现,能坚持到最后的孩子,长大后的幸福指数远远高于不能坚持的孩子。测试告诉我们,有延时满足能力的人幸福感会更高。

如果我们把这个测试延伸到生活中,用这个原理来教育孩子,对孩子的成长很有帮助。

推荐《爸爸银行》一书里的一个游戏:爸爸银行。

2. 活动规则。

①以压岁钱作为起点,孩子可以支配这笔压岁钱。

②孩子在"爸爸银行"开一个压岁钱"账户"。

③一年后(这里建议开始的时候设定成一年),爸爸根据孩子的压岁钱"账户"余额给孩子翻倍的收益。

例如,孩子今年收到5000元的压岁钱,存到"爸爸银行"的账户里,一年后,账户还剩1000元,那这时"爸爸银行"就要给孩子本金+收益共2000元。

这就是"爸爸银行"的制度。为什么要翻倍呢？就是用高额回报让孩子学会思考。同时要跟孩子划清消费界线。

家长给孩子零花钱、压岁钱时应该跟孩子界定,进行什么样的消费,以及买什么样的物品应该由孩子自己付钱。例如,家长跟孩子界定文具、玩具和零食由孩子自己负责,当孩子到商场看到想买的东西时,需要他用自己的压岁钱购买。孩子没有意识到东西是用钱买来的,就不能学会花钱,不会珍惜物品,其财商就不高。

3. 实行条件。

（1）孩子有一笔可以完全支配的钱。

（2）如果这笔钱不花完存储起来,能有一笔惊人的回报(以孩子能够理解的方式)。

（3）一部分自己日常生活的开销要由自己负责。

有一些孩子会直接把钱花光,再问父母要钱。这时家长要用"正面管教"的方法教导孩子,以温柔而坚定的方式拒绝孩子的要求。

相反地,若孩子很喜欢存钱,这时家长要调整方向,让孩子承受更多的消费责任,从而让他们有更多消费的机会。

4. 及时提醒。

孩子在支配金钱的过程中,不能伤害自己的身体,也不能伤害别人,不能对环境造成不好的影响。例如,不能买一些伤害别人的玩具,不能吃大量对身体有害的食物等。在该前提下,孩子应该对自己的财富有绝对的支配权。同时,家长要帮孩子记录整个账目。

家长既要教会孩子如何存钱,也要告诉孩子如何使用金钱。

(四) 实践运用(6分钟)

1. 训练孩子区分需要和想要的游戏。

询问孩子需要什么礼物,然后问他想要什么礼物,接着跟他具体探讨两者之间的区别,这样的探讨非常有益。

现场模拟登机前的"安检",让孩子练习区分需要和想要的区别,各位爸爸妈妈也可以用这个游戏来对孩子进行简单的训练。

游戏规则:一家人模拟去旅游,上飞机安检时,安保人员说,为了保证飞机安全,每人只能带6样东西。这时就请孩子自己决定从十几样东西中筛选出6样东西。家长引导孩子:"这6样东西是你经过反复筛选出来的,应当是你需要的,并且需要程度是最高的。而其他东西,从需要和想要的角度来看,应该是属于想要的。"

从该游戏中帮助孩子区分清楚哪些东西是需要的,哪些东西是想要的。

2. 帮助孩子制作一份家庭收支账单。

孩子都喜欢幻想未来的生活,这个游戏以孩子未来生活为背景,结合孩子的实际情况,设计出孩子容易理解又实用的消费项目和生活中的突发情况,先和孩子完成一个月的预算,可以根据孩子的年龄和认知,改成一个星期的零花钱预算、一个学期的消费预算等。通过预算让孩子懂得预算的重要性,学会合理、健康地规划自己的生活。

七、布置作业

1. 用文字形式记录今天上课的收获。
2. 回家后和孩子一起制作一份合理的家庭收支账单表。

第六节　六年级家长课程

1. 让梦想为人生导航

一、课程背景

中国有梦,人人有梦。儿时的梦想,往往能够为成长的道路指明方向。如今的孩子,特别是生长在苏州这样经济相对发达地区的小"宝贝",可谓集万千宠爱于一身,家庭富足,吃穿不愁。他们如果没有自己的梦想,就会缺乏前进的动力和努力拼搏的劲头。

二、课程目标

1. 帮助家长和孩子认识到有梦想并为梦想而努力是一件美好的事。
2. 帮助孩子形成达成目标、实现梦想的初步规划。

三、重点、难点

1. 重点:每个人每个阶段都有不同的梦想,找到适合自己并为之努力的梦想。
2. 难点:坚持梦想,让梦想为自己的一生导航。

四、教法、学法

在教学中着力创设活动情境,突出体验性。以游戏导入,分别对家长和孩子进行问卷调查,重视体验对象的多样化。让家长分享自己的成长成才经历,了解孩子是否有坚持下去的勇气。最后,围绕梦想和成功之间的关系组织辩论。

五、课程准备

1. 笔、纸、调查问卷。
2. 音乐《梦想》。
3. PPT。
4. 道具:一张大白布、若干只记号笔、4个乒乓球、4张桌子、8个用纸做成的筐。

※ 六、教学活动

（一）课前约定（2分钟）

1. 与孩子约定：等老师说"开始"后才能开始游戏；听见表示结束的闹铃声，立即停止活动或讨论；谁说话时看着谁。

2. 与家长约定：全程将手机设置为静音模式或关机，积极参与、大胆分享。

（二）热身活动（5分钟）

1. 一起做游戏。

游戏规则：将8个人分成4组，2人一组，将乒乓球放在桌子的中间，双方用嘴吹球，先把球吹到对方的球篮里的该局胜。比赛为三局两胜制。

2. 分享案例。

案例一：

1973年，邓亚萍出身于河南省郑州市的一个普通工人家庭。天生的身高不足，是她运动生涯中的最大坎坷。邓亚萍10岁时进省队，刚进去15天就被退了回去，理由是身高不够，没有发展前途。邓亚萍流泪了，心灰了。父亲告诉她，身高不行，咱就从其他地方补。于是，她坚定信念，不懈努力，使脚步更灵活，进攻更凶猛，防守更顽强。邓亚萍日复一日地苦练为世界冠军的梦想奠定了基础，同时，梦想也为年幼的她点亮了导航的灯塔。

邓亚萍有梦想，并努力为实现梦想而拼搏。为什么很多人一开始是有梦想的，最终却没有达成梦想呢？因为他们都被那个看似遥远的距离吓倒了。

案例二：

1984年东京国际马拉松邀请赛上，名不见经传的山田本一夺得了冠军，别人问他凭什么取胜，山田本一木讷地说："凭智慧战胜对手。"十年后，山田本一在自传中写道："每次比赛前，我都会乘车把比赛的路线仔细地看一遍，并画下醒目的标志。比如第一个标志是银行，第二个标志是红房子，这样一直画到赛程终点。比赛开始后，我以百米速度奋力向第一个目标冲去，等到了第一个目标后我又以同样的速度向第二个目标冲去。但是，在此之前我不懂这个道理，我把目标定在40多公里的终点线上，结果跑了十几公里就疲惫不堪了，我被前面那遥远的路程吓倒了。"

可见，如果只把目光放在遥远的目标上，一想到那么漫长的时间和距离，人就容易灰心。我们应该学习山田本一，在设定长远目标和宏大理想之后，再分割出短期目标。例如，我想实现最终梦想：考上某大学的某专业，要上这所大学，我最好考上某高中，为了进这个好高中，我最好上某初中，而要进这个初中，我最好每个学期都是三好学生，各科成绩尽量全优，要想我的成绩是优，我平时应如何规划学习。这样，每个时间段都有了自己的目标，努力完成每一个目标，就自然靠近最终目标了。

（三）体验活动（33分钟）

体验活动一："我的梦想"调查及辩论。（10分钟）

询问家长：

（1）你的梦想是什么？

(2) 为了梦想你做了什么?
(3) 你的梦想实现了吗?
(4) 如果当时没有这个梦想,你会取得现在的成就吗?
(5) 对当时的梦想,你有遗憾吗?
(6) 你希望你的孩子长大了做什么?

询问孩子:
(1) 你的梦想是什么?
(2) 为了梦想,你做了些什么?
(3) 你父母支持你的梦想吗?
(4) 你曾有过放弃梦想的想法吗?

搜集家长的问卷中从小有梦想并坚持梦想的成功案例,让家长分享成功经历。

提问孩子,有没有坚持下去的勇气。

围绕梦想和成功的关系开展主题辩论。

体验活动二:实践运用。(23分钟)

案例:

张某是某学校五年级的学生,家境殷实,家里有五套房子。爸爸在前几年买了几台挖土机,组建了自己的施工队,收入颇丰。爸爸对张某很少过问,妈妈是家庭主妇,衣食无忧,和小姐妹搓麻将、逛街,也忙得不亦乐乎。张某是被爷爷奶奶、外公外婆带大的,老人们对孩子极尽宠爱。张某小小年纪一身名牌。五年级前,张某特别爱炫耀,时间一长,也觉得没意思。看到同学们都在努力学习,而自己多门功课在及格线边缘徘徊,他灰心了,想干脆不上学了,将来就像爸爸一样算了,反正过得也不错啊!

组织讨论:如何给这个孩子对症下药?让各位家长运用自己的知识和经验帮助张某走上正轨。

分析:张某是由于缺乏梦想,导致不肯上学。父母为他准备好一切,在这样的家庭环境中,张某不知道什么叫努力,什么叫奋斗,更找不到一件有意义的事情去做。

请学生把自己的梦想用记号笔写在大白布上,并签名。最后,大家一起和自己的梦想合影留念。

总结:让孩子有梦想,并让梦想为人生导航。

※ 七、布置作业

1. 回家和家人讨论梦想,并让梦想为人生导航。
2. 写一写上完这节课后的感想。

2. 说说"早恋"那点事儿

※ 一、课程背景

孩子进入六年级后,大多开始关注自己的形象,喜欢打扮了;一些爱闹腾的孩子变得安静内敛起来;男孩女孩的性别界限开始变得清晰,各自有了自己的圈子……他们最大的心理特点就是性意识的觉醒。他们从关注自己身体的变化,发展到对别人的变化感兴趣,随即产生越来越多的疑问。这时候,他们彼此会进一步试探着主动接近对方。

※ 二、课程目标

1. 帮助家长认识到对异性的关注是青春期少儿的特点之一,理解和信任孩子。
2. 帮助家长正确看待孩子的"早恋",意识到解决问题的关键在于疏而不在于堵。

※ 三、重点、难点

1. 重点:让父母重视青春期"早恋"问题,关注孩子的情感表达。
2. 难点:让父母用正确的方式帮助孩子健康地度过"早恋"期。

※ 四、教法、学法

情境教学法、活动教学法、案例教学法。

※ 五、课程准备

1. 早恋教育视频、PPT。
2. 活动道具:椅子一把。
3. 邀请父母参加,按孩子性别分开就座,男孩的家长坐一边,女孩的家长坐另一边。

※ 六、教学过程

(一)课前约定(2分钟)

1. 跟孩子约定:听从老师指令;当闹铃声响起时立即停止活动或讨论;谁说话时看着谁。
2. 跟家长约定:全程将手机设置为静音模式或关机,积极参与、大胆分享。

(二)体验活动(38分钟)

体验活动一:忆青春。(12分钟)

(1)家长回忆自己青春时期对异性产生好感时是如何对待的,结果怎样,那段经历给你带来了什么影响?

(2)分两组讨论,每组由一人计时,讨论时间7分钟,最后由一人汇总分享,分享时间2分钟。

(3)分享袁枚《子不语》中的一则故事。

五台山某禅师,收一沙弥,年甫三岁。五台山最高,师徒在山顶修行,从不一下山。后十余年,禅师同弟子下山。沙弥见牛马鸡犬,皆不识也。师因指而告之曰:"此牛也,可以耕田。此马也,可以骑。此鸡犬也,可以报晓、可以守门。"沙弥唯唯。少顷,一少年女子走过,沙弥惊问:"此又何物?"师虑其动心,正色告知曰:"此名老虎,人近之者,必遭咬死,尸骨无存。"沙弥唯唯。晚间上山,师问:"汝今日在山下所见之物,可有心上思想他的否?"曰:"一切物都不想,只想那吃人的老虎,心上总觉舍他不得。"

总结:这个故事说明了一个情窦初开的青少年对异性的思慕。青春期的孩子生理基本发育成熟,而性心理发展滞后于性生理发展,因此他们会产生迷茫和困惑,心理变得微妙、细致而复杂起来。

体验活动二:按压活动。(18分钟)

家长双手按压住孩子的肩部,孩子奋力反抗,家长用力按压,僵持三分钟,家长谈一谈感受。

总结:当孩子受到控制时,他会极力反抗,想方设法逃脱。家长极力反对的结果不但不尽人意,还会反促其发展。向往与异性交往是青春期孩子的一种正常生理反应和心理现象,男女同学相处是青少年社会交往不可缺少的内容。心理学家认为,男女两性交往会产生神奇的异性效应,这种异性效应对一个人的成长和性别角色的完善有着不可低估的积极作用。在交往中把爱慕当成一种责任,把学习当作一种挑战,相互鼓励,相互帮助,这样的交往不仅不妨碍学习,还有助于学习。所以家长应正确地引导孩子、关心孩子。

体验活动三:观看视频(一分钟教育"早恋并不可怕")。(1分钟)

谁都青春年少过,早恋并没有错,正确地对待早恋才是关键。

体验活动四:实践运用。(7分钟)

1. 告诉孩子与异性交往要真诚。
2. 教育孩子在与异性交往时要注意距离。
3. 尊重孩子的纯真情感和友谊,不要轻易贴上"早恋"的标签。
4. 用"冷处理"的方法处理早恋迹象。
5. 引导孩子慎重理智地对待恋爱问题。
6. 给孩子一个美好的期望。

※ 七、布置作业

1. 与另一半分享今天上课的收获。
2. 一周后写一份心得体会,标题统一为"早恋话题作业(班级+署名)",发送作业到指定邮箱。

3. 和孩子一起"追星"

※ 一、课程背景

追星是青少年群体久盛不衰的话题。

心理学中有一种"晕轮效应",就是在人际交往中,人身上表现出的某一方面的特征掩盖了其他特征,从而造成人际认知的障碍。明星作为公众人物,被媒体包装成一个完美的形象,青少年因"晕轮效应"的影响,将偶像想象得完美无缺,进而崇拜并且依恋。

家长担忧孩子盲目追星,因此荒废学业,迷失自我;孩子不能得到家长的理解,家长们过分严格的要求又让他们心生抵触,导致亲子关系走向僵局。

亲子双方在追星方面缺少必要的沟通和理解,才是矛盾的症结所在。面对追星的孩子,家长既不能一概反对、横加指责,也不能放任自流、不管不问。和孩子一起"追星",认真了解孩子的兴趣、想法和情感需求,在孩子追逐的"星"身上发现正能量,并有意识地对孩子进行输入和强化,让璀璨的"星光"照亮孩子的心灵。

※ 二、课程目标

1. 帮助家长了解"追星"是青春期特有的一种心理现象,是青少年时期的过渡性需求和标志性行为,家长不必谈"星"色变。

2. 帮助家长了解"追星"是孩子寻找自我、寻求归属的心理需求,是融入同龄人朋友圈的社交需要,也是情感表达的启蒙体验。

3. 提醒父母要花更多的时间和精力带孩子去走近历史、走近英雄,让孩子崇拜科学之"星"、文化之"星"、英雄之"星"、劳动之"星"等。

※ 三、重点、难点

1. 重点:帮助家长理性看待孩子"追星"。
2. 难点:利用明星的优秀品质,影响孩子的思想和行为。

※ 四、教法、学法

播放追星视频和图片,促进学生对知识的理解和巩固。教会学生自主探究合作的学习方式,让学生在讨论交流中取长补短,培养学生的合作竞争意识。

※ 五、课程准备

1. 视频:偶像的力量。
2. PPT课件。
3. 道具:定时器、一朵鲜花。

※ 六、教学过程

(一)课前约定(2分钟)

1. 与孩子约定:听从老师指令;当闹铃声响起时立即停止活动或讨论;谁说话时看着谁。

2. 与家长约定:全程将手机设置为静音模式或关机,积极参与、大胆分享。

(二)体验活动(38分钟)

1. 自我介绍。

我是××班××同学的家长,我叫×××,我孩子喜欢的偶像是×××(我喜欢的偶像是×××)。

2. 教师提问。

(1)家长们是否还记得自己曾经的偶像和追星的过程?现在回想起来是怎样的感受呢?

（2）现在，我们成了父母，我们的孩子是怎么追星的呢？

3．分享典型案例。

（1）盲目追逐。

① 荒废学业的悲剧。小红迷上一位当红的"小鲜肉"，日夜思念，连上课都偷偷看偶像照片和视频。多次瞒着父母前往举办偶像见面会的城市，旷课、无心学习，成绩一落千丈。

② 脑残粉的由来。2015年，"小学生世纪骂战"的视频在网上疯狂传播，网友们给这些疯狂、过度敏感、缺乏理智、富有攻击性的少年追星族们一个称号——"脑残粉"。

（2）理性崇拜。

① 名人刘谦的故事。

1988年，12岁的刘谦从大卫·科波菲尔手上接过了"台湾青少年魔术大赛"的冠军奖杯。他开始相信自己是一个有魔术天赋的人。

2004年，大卫来中国巡演。刘谦坚定地对大卫说："您是我一直奋斗的目标……谢谢您把我带上了这条道路。"

2011年，刘谦以第一位华人魔术师的身份，在拉斯维加斯Wynn的舞台上举办了两个小时的个人售票专场演出。大卫就在和他隔条街的MGM Grand的舞台上，和他做着一样的事。而刘谦演出的票价，比大卫的还贵。

2015年，刘谦以最成功的华人魔术师的身份，再次站到了大卫身边。

② 普通人小杰的故事。

"学渣"小杰因挂科被禁足家中，偶然刷到英剧《神探夏洛克》，被主演（卷福）本尼迪克特·康伯巴奇（Benedict Cumberbatch）的英伦腔吸引，决定要好好学习英语。

经过千挑万选的试验，小杰终于找到适合他本人现有水平的，并且能督促自己日积月累不断提高的课程。在浸泡式英语学习环境下，小杰每天坚持打卡和同伴互相竞争。6个月后，当《神探夏洛克》圣诞特辑《可恶的新娘》播出后，不借助字幕的帮助，他已经听懂70%的内容！一年后，他的雅思成绩出来了：总分6.5（口语7.5分）。用他自己的话说："虽然和超级学霸们的7.5分还有距离，但足够我去英国留学，找卷福签名去啦！"

4．讨论。

追星让以小红为代表的一些孩子短暂地迷失了自我，又给刘谦和小杰带来了巨大的动力。孩子追星到底好不好呢？孩子为什么会追星呢？

5．总结追星心理的成因。

（1）"追星"是青春期孩子特有的一种心理现象。崇拜偶像是青少年时期的过渡性需求和标志性行为，"追星"意味着孩子在成长。

（2）"追星"是追求理想的自我。孩子效仿明星、崇拜明星，很可能是想通过模仿榜样而让自己变得更好。

（3）"追星"是寻求归属的感觉。孩子们通过谈论明星、参与追星，更容易融入同龄人的朋友圈。

（4）"追星"是爱之初体验。孩子在追星的过程中初尝喜欢和悸动的滋味，咀嚼甜蜜和忧伤，懂得爱和付出的道理。

6．分析追星行为是否健康。

（1）当崇拜和喜欢一个人仅停留在欣赏他的品质，不过度崇拜，不让偶像占据自己大部分的时间、精力时，追星心理是健康的。它属于理性崇拜，不必过度干预。

（2）当喜欢这些偶像时，认为人生不再需要其他，没有这个偶像就不能活下去，这就是失去了理智的盲目追逐。

7. 指导家长正确引导孩子追星。

（1）和孩子多沟通，了解孩子追星的真实心理。

（2）采取支持的态度，陪着孩子一起了解偶像的方方面面。

支持孩子，让孩子感受到爱和尊重，孩子就会更愿意听家长的话，与家长合作。

（3）陶冶情操，培养孩子更多的兴趣、爱好，转移孩子追星的注意力。

家长可以陪孩子去体育馆、图书馆或少年宫等场所，强身健体，陶冶情操。

8. 案例分享：如何恰当利用偶像的力量？

※ 七、布置作业

写一写收获或感想并与大家分享。

4. 信任在左，关爱在右

※ 一、课程背景

目前，在高考指挥棒的影响下，许多家长只关注孩子的学业成绩，而忽视孩子心理健康的教育，导致部分学生诚信意识淡薄，和父母关系疏远，亲子间缺少关爱。

信任是一切道德的根基和本源。它不仅是个人的美德和品质，而且是社会的道德原则和规范；不仅是内在的精神和价值，而且是外在的声誉和资源。树立诚信意识要从每个人做起，每个人都是社会的个体，每个人都以诚信要求自己，社会就会成为诚信社会。

基于此，亲子之间应建立信任，家长应发现孩子的真善美，更加用心地去关爱孩子的成长。

※ 二、教学目标

1. 帮助家长在家庭教育中感受信任的可贵，引导家长发现孩子的真善美，更加用心地去关爱孩子的成长。

2. 帮助家长理解信任和关爱的关联性。

※ 三、重点、难点

1. 重点：理解信任与关爱间的联系。

2. 难点：有效地做到信任和关爱。

※ 四、教法、学法

通过中外故事分析和创设情境，帮助学生学习信任的含义和重要性。通过问卷调查，先出示本课要解决的问题,引发学生主动思考,再在教师的引导下进行亲子间的对话、讨论,鼓励学生发挥学习的主动性,学会独立思考、思辨、归纳。

※ 五、课程准备

1. 准备调查问卷(孩子对父母关于信任与关爱的评价)。
2. 道具:眼罩、接力棒。

※ 六、教学过程

(一)课前约定(2分钟)

1. 与孩子约定:听从老师指令;当听到闹铃声响起时立即停止活动或讨论;谁说话看着谁。
2. 与家长约定:全程将手机设置为静音模式或关机,积极参与、大胆分享。

(二)热身活动(3分钟)

家长自我介绍。

(三)体验活动(35分钟)

体验活动一:体验信任。(15分钟)

1. 参与体验信任的活动。

让家长和孩子两人组成一对,给每对发一个眼罩,先让孩子戴上眼罩,在家长的言语指导下于教室内外走一圈,然后对换角色进行体验。

讨论:当你什么都看不见时有什么感觉?了解对方感受后,你会如何指引?

2. 分享关于信任的故事。

(1)故事一。

有一个犯人在路上捡到了一千元钱,他不假思索地交给了督察的警察,而警察却说:"你少来这一套,用自己的钱变花样想减刑,你就是不老实。"犯人万念俱灰,心想世上没人信任他了。晚上,他越狱了。在途中,他到处抢劫,准备逃跑。他有了足够的钱,便乘上了去边境的列车。一天,他刚好站在厕所旁边,这时,一位非常漂亮的姑娘走进厕所,发现门坏了,她走出来轻声地说:"先生,你能为我把门吗?"他一愣,看着姑娘纯洁无邪的眼神,他点点头。就在一刹那,他改变了主意。在下一站,他去投案自首了。

(2)故事二。

18世纪的英国,一天深夜,一位有钱的绅士走在回家的路上,被一个蓬头垢面、衣衫褴褛的小男孩儿拦住了。"先生,请您买一包火柴吧!"小男孩儿说道。"我不买。"绅士回答说。绅士躲开男孩儿,继续走。"先生,请您买一包吧,我今天什么东西都没有吃呢!"小男孩儿追上来说。绅士看到躲不开男孩儿,便说:"可是我没有零钱呀!""先生,你先拿上火柴,我去给你换零钱。"说完男孩儿拿着绅士给的一个英镑快步跑走了,绅士等了很久,男孩儿仍然没有回来,绅士无奈地回家了。

第二天,绅士正在办公室工作,一个男孩儿要求面见绅士。这个男孩儿比卖火柴的男孩儿矮一些,穿得更破烂。"先生,对不起了,我的哥哥让我把零钱送给您。""你的哥哥呢?"绅士道。"我的哥哥在换完零钱回来找你的路上被马车撞成重伤了,在家躺着呢。"绅士深深地被小男孩儿的诚信所感动。"走!我们去看你的哥哥!"家里只有继母在照顾受到重伤的男孩儿。一见绅士,男孩连忙说:"对不起,我没有给您按时把零钱送回去,失信了!"绅士被男孩的诚信深深打动了。当他了解到两个男孩儿的亲生父母双亡时,毅然决定把他们生活所需要的一切费用都承担起来。

(3) 讨论与分析。

家长们互相讨论,如何做到与孩子建立信任。

总结:父母首先要信守承诺,答应孩子的事情,一定不能让孩子失望。不要因为孩子小就欺骗孩子,那样会伤害孩子敏感而脆弱的心灵。父母也不应当强迫孩子做出他们不愿意做出的承诺,因为这样会让他们做出虚假欺骗的行为。

体验活动二:体验关爱。(20分钟)

1. 参与体验关爱的活动。

请五位同学戴上眼罩,在没有任何人帮助的情况下绕着教室走一周,其他同学不得提醒,也不能搀扶。

游戏结束后,请大家畅谈体验,讨论在生活中有哪些弱势群体?体会他们可能遇到的困难。

总结:生活中,每个人都会遇到各种各样的问题,都有需要帮助的时候。关爱他人可以从小事做起。

2. 分享关于关爱的案例。

一次,我和爸爸妈妈一起去商场买东西,看到了一个没有胳膊的小女孩,靠双脚写字来乞讨,我觉得她好可怜,毫不犹豫地走过去,在那个小红桶里投了五元钱,随后路过的人纷纷献出了爱心。小女孩没有健康的身体,不能快乐地在学校读书,她多么需要我们的一颗颗爱心和一双双温暖的手来帮助她啊!正如歌中所唱的:"只要人人都献出一点爱,世界将变成美好的人间。"

老师提问:如何做才是对孩子的关爱?

(1) 家长要有理智、有分寸地关心爱护孩子。

既要让孩子感受到父母真挚的爱以及家庭的温暖,激发其积极向上的愿望,又要让孩子关心父母和其他家庭成员,并逐步要求孩子做一些力所能及的劳动,这不仅有利于培养孩子热爱劳动、关心集体的好品德,而且有利于培养孩子的智力和自理能力。

(2) 家长要正确对待孩子的要求。

家长面对孩子的需求时要以家庭的实际经济状况和有利于孩子的身心健康为前提,不能百依百顺,有求必应。过分地满足孩子的需求,容易引发孩子过高的欲望,养成越来越贪婪的恶习。一旦父母无力满足其需求时,势必引起孩子的不满,有些孩子甚至走上邪门歪道,这是每位家长都需要注意的。

(3) 对孩子的合理要求,在家庭经济允许的情况下,应尽量满足。

例如,孩子要求买一些有利于增长知识、开发智力、丰富精神生活的儿童书籍及必要的生活、娱乐用品时,一般应满足其需求。若家长一时难以办到,应向孩子说明理由。在教育孩子时,家长既要积极地为促进孩子的身心健康创造条件,也要教育孩子注意节约,防止孩子养成挥霍浪费的不良习惯。

总结:父母每天花一定的时间陪伴孩子,让孩子摆脱孤独感。

当孩子获得成功时,家长不要吝啬夸奖和表扬;当孩子遇到挫折时,要及时予以鼓励。

要相信孩子,充分信任孩子,培养孩子的责任感。

※ 七、布置作业

提交课后感想,写一个父母与孩子之间建立信任以及相互关爱的事例。

5. 小升初孩子的心理建设

※ 一、课程背景

小学六年级学生是由儿童向青春期过渡的时期,也是小学升入初中阶段心理状态发生变化的时期。如何正确引导,使其心理健康地"过渡",顺利迈上新的台阶,适应新的环境,是老师和家长面临的重大课题。学习生涯是艰苦的,有的学生缺乏信心,有的学生韧性不足,有的学生暂时找不到合适的学习方法,一两次挫折就可能引起思想波动,他们亟须正确的引导和心理"按摩"。

※ 二、教学目标

1. 帮助家长了解小升初阶段孩子的心理需要和心理建设的重要性。
2. 指导家长初步掌握帮助孩子进行心理建设的基本方法。

※ 三、重点、难点

1. 重点:指导学生分析自己的实际情况,明确自己的奋斗目标,树立正确的人生观、价值观、世界观,激发学生积极向上的动力。
2. 难点:根据实际情况分析学生的心理状况,并针对性地沟通、开导。

※ 四、教法、学法

老师作为主持人进行引导,穿插学生演讲、讨论等形式,进行有效的理想信念教育。引导学生正确看待遇到的困难,培养孩子抗挫折的能力。帮助学生制定实现目标的具体措施,不断完善自我,为"梦想成真"努力。

※ 五、课程准备

有紧张感的音乐。

※ 六、教学过程

(一)课前约定(2分钟)

要求家长全程将手机设置为静音模式或关机,积极参与、大胆分享。

（二）热身活动(5分钟)

1. 提问并思考：今天我们的心理课和平常的心理课有什么不同？怎样才能上好心理课呢？我们需要遵守哪些约定？

2. 提出要求：认真倾听每位成员的发言；每个人都要积极参与到活动中，每个人都要分享自己的感受和想法。

3. 自我介绍。

（三）体验活动(33分钟)

教师发言：各位家长朋友，大家好！恭喜你们的孩子即将升入初中，开启人生新的征程，此刻的你是什么心情呢？是觉得终于可以松一口气？还是为孩子即将踏入新的征程而担心、紧张、忧虑？我们先来做一个体验活动。

1. 热身："过电"游戏。

（1）全体站立，围成一个圈，伸出左手，手心向下，同时伸出右手，食指向上，与相邻同学的左手手心接触。主持人随机喊一些数字，当喊尾数是7的数字（如27、37、47……）时，学生要设法左手抓、右手逃，以体验紧张的感觉，可反复进行几次。

（2）先体验肢体紧张的感觉。体验的顺序依次为手、臂部、头部、躯干部、腿部。

2. 感受心理变化。

六年级的学生即将从小学升入初中，不仅要翻开学习历程上新的篇章，也将在新的环境和生活中面对新的人生挑战。这个年龄阶段是儿童期向青春期过渡的时期，心理状态也会发生相应的变化。

3. 分析小升初孩子的心理需要。

小升初阶段的孩子有如下四种心理需要。

（1）自主和独立的需要：进入少年期的儿童产生了"成人感"，他们渴望独立自主，还特别想展示自己的个性。

（2）被爱的需要：这个年龄段处于"心理断奶期"，一方面追求独立自主，一方面又害怕失去家长和老师的关爱。得不到关爱就会自卑，没有安全感。

（3）自尊和受他人尊重的需要：这个阶段的孩子特别在乎别人对他的看法，家长、老师、同学不正确的评价会使他（她）受到影响。

（4）求知和学习成就的需要：取得好成绩是这个阶段孩子最大的需要。

了解了孩子的心理需要后，家长要给孩子进行积极的心理建设，给予足够的心理关爱，让他们顺利从儿童期过渡到青春期。

4. 案例分享。

案例一：

小杰升入初中，参加军训的时候，因为发型和服饰的问题与老师发生了激烈冲突，老师让小杰的妈妈去处理这个事情。小杰的妈妈当着老师和同学的面对小杰一顿训斥，且当天晚上强行带着他理了发。军训结束后，小杰更注重穿衣打扮，与同学关系变得紧张，也不与老师交流，在家里不听父母的话，动不动就摔门而去，学习成绩直线下降。

小结：这个案例中，小杰的行为本来是可以理解的。在乎自己的外表，认为统一的发型和没有特色的服饰失去了个性，这其实是孩子追求独立、自主的心理需要。他们还没有学会如何去化解这种个性追求与学校管理规则之间的冲突。小杰妈妈当面的训斥严重伤害了小杰的自尊和受他人尊重的需要。

正确做法是：先充分了解情况，再和老师商量和沟通。然后单独跟小杰谈话，平等交流，倾听孩子的真实想法，然后引导孩子认识学校的规章制度，让孩子明白权利、责任、义务、自由之间的关系。给孩子做好心理建设，再陪小杰与老师真诚沟通。家长应该在入学前就帮助孩子做好这方面的心理建设，提前了解学校的规章制度，教会小杰如何正确追求自己的个性。切不可公开训斥，要富有同理心，在充分沟通、相互理解的基础上，协助老师进行教育。

案例二：

小梅，经历了很多场小升初考试，终于进了自己理想的学校。但是初一第一学期期中考试成绩未达到自己的预期。父母非常紧张，坚持要给她报课外补习班。从那以后，小梅就开始出现上课注意力不集中、记忆力不好等症状。父母发现小梅比原来敏感，脾气变得很差。父母非常担心小梅的状况。

小结：这个案例中，小梅本身很好强，上初中的第一学期期中考试成绩不理想，与小学的名列前茅相比，形成了巨大落差，小梅已经产生了较大的心理压力。父母没有帮助她重拾信心，反而"雪上加霜"地表达失望和责备，这让小梅难以承受，同时又缺少合适的排解渠道，最终导致精神上的焦虑和抑郁。要预防这些问题，家长首先要改变自己的心态，不要在孩子面前表现出对成绩的过分关注，要在孩子小升初之前就做好心理建设，告诉孩子，从"小溪"到了"大河"，肯定会遇到更多优秀的同学，成绩排名有下降的可能，只要做最好的自己，尽自己最大的努力就好了。孩子自尊心强，追求完美，觉得压力大，家长应该给予理解、开导、鼓励，帮助其树立信心，同时提出解决问题的建议，耐心陪伴，帮助孩子找到合适的释放压力的渠道，让孩子在遭遇到挫折后，能够及时、正确地排解，积攒正能量，重拾信心。

5．小升初心理建设解析。

（1）降低焦虑。

小升初并不是一道难以跨越的障碍，只是学习生涯中的一个阶段。家长们要保持积极、乐观的心态，先完成小升初的心理过渡，从焦虑、担忧中走出来，相信自己可以和千千万万的初中生家长一样，接受变化，顺利升级。然后让孩子在家长乐观、积极的状态中树立起自信心和对新环境的正确认识。

（2）帮助孩子建立新的人际关系。

孩子从小学升入初中，面临的不仅是新环境，还有新同学。六年的共同生活，小朋友间建立起了深厚的友谊。升入初中后，原班级的同学大多各奔东西，孩子需要重新建立同学间的人际关系，这时容易产生失落、孤独和焦虑感。

家长应帮助孩子，将小学生涯尽可能完整地记录保存好，学会面对人生成长过程中的一次重要分离，并将美好的记录延续。家长可以组织孩子们聚会，让孩子感觉并没有与原来的环境隔绝。

家长还要尽量找出中学新同学与小学老同学的相同点，帮助小朋友渡过空窗期，实现心理的平稳过渡。

（3）帮助孩子提高抗压能力。

进入初中后，学科的增多、教学方式的多样化、作业和测试量的加重等，都会使孩子的压

力陡然增大,抗压心态的调整显得尤为重要。如果家长未能予以理解、开导、帮助,久而久之,有些孩子会对自己失去信心,产生消极甚至厌学情绪。

　　一方面,家长要及时开导孩子、鼓励孩子不断磨砺自身毅力;另一方面,要帮助孩子培养释放压力的能力。

※ 七、布置作业

1. 与家庭成员分享上课的收获。
2. 结合孩子的实际状况,上交一份简易的心理状态评估和分析报告。

第五章 心成长·订制课程

相对于"心启航""心陪伴"两个章节,"心成长"这一章在字数上较其他章节少,但内容上却是最厚重的。本章的五个课程都针对当下教育的关键热点问题展开。

"读懂孩子的'问题'行为"课程,利用集体的智慧一起解开儿童问题行为背后真正的"代码",看到掩藏在水平面之下的心理"冰山"的根基,在四个情境中,家长不断操练新的沟通方式,习得有效的正面管教方式。

"当二宝时代来临"课程,直面新时代家庭新问题,真实案例的解读能够有效地帮助家长读懂大宝的异常行为,多样的情境体验为建立和谐的亲子相处方式支招,正确的二胎养育观成就幸福的家庭生活。

"三代同堂,让爱流动"课程,邀请爷爷、奶奶/外公、外婆以及爸爸、妈妈、孩子一起来学习,在体验活动中让代系之间感受到被欣赏与被关爱,在真实的情境中手把手帮助祖辈、父辈走出养育困境。

"要给孩子配手机吗""父母如何与孩子谈论生死"两课中所涉及的成长烦恼可能反复出现在孩子成长的各个阶段,而家长也需要掌握孩子每个阶段的特点进行合理的养育,帮助儿童培养使用手机的规则意识,建立正确的生死观。

以上五个课程针对的话题,是当下家庭养育中的热点问题。

1. 读懂孩子的"问题"行为

※ 一、课程背景

在陪伴孩子成长的过程中,家长有时会被孩子的某些行为折磨得心烦意乱。其实,孩子每一个行为的背后,可能是在向家长发出不同的信号,只不过家长不了解孩子的生长规律,读不懂孩子行为背后的心理,才会感到力不从心。当孩子出现的问题得不到妥善解决,就会在错误的道路上越走越远。

※ 二、课程目标

1. 让家长认识到不当的处理问题的方式不但不能解决问题,而且会使问题更复杂化。
2. 让家长正确认识和对待孩子的"问题",找到更好的解决之道。

※ 三、重点、难点

1. 重点：让家长认识到孩子问题背后的本质原因。
2. 难点：让家长正确认识和对待孩子的问题，并找到应对方法。

※ 四、教法、学法

让家长充分交流，分享自己在教育孩子过程中遇到的各种问题。集体讨论、交流，尝试做出合理的解释，找出最佳的应对方法。选取典型案例，模拟真实情景，以触发大家的反思。

※ 五、课程准备

1. 邀请父母或祖父母参加活动。每个家庭3人，不超过20个家庭。
2. 四个典型案例。
3. 场地：教室，将椅子围成圈。

※ 六、教学过程

（一）课前约定（2分钟）

1. 与孩子约定：坐端正、不乱跑、举手发言。
2. 与家长约定：全程将手机设置为静音模式或关机，积极参与、大胆分享。

（二）热身活动（5分钟）

1. 同一家庭成员就近坐在一起，然后所有家庭围成一个大圈。
2. 每个人用一句话夸一夸家人。

（三）体验活动（29分钟）

体验活动一：聊聊孩子身上的"问题"。（12分钟）

1. 请每个家长聊聊自己孩子身上最大的问题，以及当这些问题出现时是如何处理的（站在父母的角度）。
2. 请家长依次说出孩子的问题，同时请一位家长记录。

讨论：为什么会出现这些问题？其本质是什么？

孩子表现出这些问题行为，一个重要原因是某方面的需求没有得到满足，孩子在和家庭、社会、学校互动的过程中出现了困难，又没有主动求助，也没有得到父母及时的支持和帮助。

体验活动二：案例讨论。（17分钟）

1. 案例分享。

案例一：调皮的孩子。

小A不管是在家里还是在学校里都非常好动。在家里，看电视或者玩手机游戏时他才能安静一会儿；在学校里，小A上课时也非常不专心。

案例二：强势的孩子。

小B平时在学校里跟同学玩游戏，一定要争第一名，且要求别人服从他的指挥。在家里也是,稍有不顺就大吵大闹,直到家长答应他的要求为止。

案例三:报复的孩子。

小 C 自从班主任当全班人面批评他考了最后一名,回家又被爸爸打了一顿后,就不想上学了。老师叫他做作业,他偏不做,还在上课时故意发出声音影响别人。

案例四:自暴自弃的孩子。

小 D 从小学一年级开始,学习成绩一直很差,常受到老师的批评。父母也一直抱怨生了个笨孩子。自此,他辍学在家。

总结:根据马斯洛的需求层次理论,孩子行为的目的都是为了获得归属感和认同感。要了解这些孩子背后真实的需要,才能帮助孩子克服这些困难。

2. 情境应对:活学活用。

家长现场模拟案例三。首先,家长按照以前的方式应对孩子出现的问题,然后,尝试了解孩子这样做背后的需要,并给予帮助和支持。其他家长对比两种应对方式的效果。

很多例子告诉我们,要把孩子犯错当成是孩子成长的好机会,父母要接纳、宽容、引导孩子,帮助孩子顺利渡过难关。对待问题,先面对它,再尝试解决它。

家长的应对之策:换位思考;和善并坚定;专注于能改变的方面,暂时放下不能改变的方面。

3. 案例讨论。

针对上述几个案例,大家讨论、交流。

总结:我们要求孩子学会控制自己的行为、约束自己的言行,自己更应该学会控制自己的行为。我们要做学习型的家长,给孩子树立良好的榜样。

(四)课堂小结(4分钟)

1. 面对问题,不用着急责备孩子,否则会使问题更糟。只有透过现象看到本质,才能对症下药。

2. 家长要以身作则,要求孩子做到的,自己先做到。

※ 七、布置作业

思考一下面对孩子的问题时的解决策略,并在群里分享。

2 当二宝时代来临

※ 一、课程背景

随着二胎政策的全面放开,越来越多的家庭计划生育二胎。但是当第二个孩子真正来到家庭中时,父母在养育两个孩子的过程中出现了各种各样的问题。

※ 二、课程目标

1. 让家长学会平衡两个孩子的关系。

2. 让家长学会缓解大宝对失去父母的爱而造成的心理焦虑。

※ 三、重点、难点

1. 重点:家长如何平衡两个孩子的关系。
2. 难点:家长如何缓解大宝的心理焦虑。

※ 四、教法、学法

案例法、讲授法、小组讨论法、自主学习法、体验学习法。

※ 五、课程准备

1. PPT。
2. 采访视频。

※ 六、教学过程

(一)课前约定(1分钟)

要求家长全程将手机设置为静音模式或关机,积极参与、大胆分享。

(二)热身活动(5分钟)

1. 自我介绍:教师介绍、家长介绍。
2. 视频导入:播放一段事先录好的视频,妈妈带着两个孩子,一会儿大宝喊妈妈,一会儿二宝喊妈妈,妈妈忙得焦头烂额,引出今天的课题——当二宝时代来临。

(三)体验活动(34分钟)

体验活动一:爸爸妈妈一起说。(4分钟)

分组:第一组是两个儿子,第二组是两个女儿,第三组是哥哥妹妹,第四组是姐姐弟弟。

讨论:目前这种二宝模式你满意吗?你的困惑在哪里?让爸爸妈妈们写下近期两个宝宝在家所做的最让人头疼的一件事情,并和大家分享。

体验活动二:大宝、二宝吐心声。(10分钟)

1. 听听大宝的心声。(问题:你觉得家里多了一个弟弟或者妹妹,感觉怎么样?事先采访几个大宝,让孩子真实地表达自己的想法。)
2. 二宝也有话要说。(问题:你觉得家里有一个哥哥或者姐姐好不好?事先采访几个二宝,让孩子真实地表达自己的想法。)

家长观看后进行讨论。

3. 总结二宝家庭孩子可能会出现的异常行为。

(1)大宝的异常行为及应对。大宝不停地打扰父母,尤其是父母在照看二宝时。此时,父母要拿出一段时间陪伴大宝。

(2)行为退缩及应对。例如,已经能自理的孩子要求父母帮忙穿衣服,已经独立分床睡的孩子要求与父母一起睡等。此时,不妨让老大参与到照顾小宝宝的活动中来。

(3)攻击性言行及应对。当父母在大宝身上花的时间和心思少了,久而久之,就可能导致大宝出现攻击性言行。父母此时可以替大宝说出不满的情绪,安慰开导他,尽量抽出时间陪伴大宝。

体验活动三:通过具体案例,寻找解决策略。(20分钟)

1. 案例分享。

案例一:

近日,一家三口向某市心理咨询治疗中心求助。大宝抱怨在家不被重视,父母希望心理医生解开孩子突然性情大变的原因。大宝小顺一直是个乖孩子,学习成绩中上,性格开朗,在学校里的朋友也很多。但这学期,老师和同学们都发现小顺变了,他很少和同学们一起说笑,上课心不在焉,作业也常常拖拉。在父母看来,自从二宝出生后,以前很乖的小顺确实越来越"熊"。除了动不动就说不要上学以外,还常常说自己头痛、肚子痛,害得父母跟着紧张担心。带他去医院看病,医生又说小顺身体没什么问题,父母甚至怀疑这孩子就是因为不想上学才"装病"。对于小顺的变化,父母起初以为是学业紧张的缘故,没有特别放在心上。直到有一天半夜,小顺突然穿着睡衣走到父母床边,对他们说:"我再也受不了了!"从睡梦中惊醒的父母连忙追问孩子到底是怎么回事。小顺说:"以前你们都会给我写小纸条的,现在为什么都不写了?"听到这里,爸爸妈妈都大吃一惊,之后又感到害怕,因为小顺从小到大,父母从没有写纸条和他沟通的习惯。

案例二:

自从当了小姐姐,今年7岁的小萱(化名)表现得越来越像小婴儿了。之前,已经上一年级的小萱一直是班里的好孩子,爸妈生了小弟弟后,小萱起初对这个软乎乎的小婴儿很感兴趣,放学后经常逗弟弟玩一玩。不过时间长了,小萱发现弟弟几乎占据了妈妈大部分精力,只要他一哭闹,家里的大人都围着弟弟转,自己明显受冷落了。从上幼儿园开始已经独立睡觉的小萱开始晚上和弟弟一起争抢妈妈,要陪睡,她还特别喜欢在弟弟哭闹的时候提出要求,让本已经手忙脚乱的父母更加忙不过来。一次竟然将弟弟的喝水奶瓶丢进了垃圾桶里。妈妈意识到这很可能是小萱干的,再也坐不住了,赶紧求助于心理医生。

2. 家长讨论。

案例一里的小顺说身体不舒服,其实是为了引起父母的关注,没想到反而受到父母的责备,这让他更加不安和焦虑。

案例二中的小萱出现要妈妈陪睡等行为,心理学上叫"返婴行为"。孩子出现这些问题是为了提醒父母:"大宝也需要你的爱"。

3. 解决策略。

(1)不能有了二宝就让大宝独睡。在二宝还没出生之前就让大宝和父母分床睡。

(2)当两个孩子出现矛盾时不要插手。有些父母每次看到两个孩子打架都会来插手,用"大孩子要让着小孩子"的观点主持公道。这是不可取的。父母要用正确的方式来处理孩子打架的事,孩子们会找到合适的相处模式,用不着父母当裁判。

(3)不要拿两个孩子做对比。每个孩子都有自己的优势和劣势,做父母的要帮助孩子找到自己的优势,发挥自己的特长。父母应接纳每个孩子的独一无二。

(4)告诉孩子,父母对他的爱不会因为任何人而改变。

4. 向孩子正确表达爱。

当孩子有负面行为时,尝试先拥抱孩子,尊重和理解他们,给予支持和帮助。

※ 七、布置作业

1. 父母每天回家后主动拥抱孩子。
2. 向大宝表达自己的爱,并记录大宝的变化。

3. 三代同堂,让爱流动

※ 一、课程背景

当今社会,隔代教养已经成为普遍的社会现象,年轻的父母一方面依赖祖辈带孩子,另一方面又对隔代抚养感到焦虑,两代人时常因为教养方式不一致引发家庭成员关系紧张。

※ 二、课程目标

1. 让孩子和父母学会感恩老人对家庭的付出,改善家庭关系。
2. 让三代人认识到相互理解与尊重是协调家庭关系的关键,要明确自己的角色定位,互相支持。
3. 学习在问题情境下加强家庭成员之间的沟通,合理使用不同的方式进行有效的家庭教育。

※ 三、重点、难点

1. 重点:营造感恩的课堂氛围,让家庭成员珍惜当下所拥有的。
2. 难点:用积极的态度寻找让三代人和睦相处并能促进孩子身心健康成长的方法。

※ 四、教法、学法

在教学中,着力创设活动情境,突出体验性。整堂课用四个体验活动串起,环环相扣,层层递进。注重体验活动形式的多元化,紧密围绕孩子健康成长的话题,采用游戏、角色扮演、案例讨论等方法进行教学,同时借助丰富的多媒体教学手段,引导家庭成员参与到活动中。

※ 五、课程准备

1. 邀请父母、祖父母参加活动。每个家庭3人,不超过20个家庭。
2. 活动道具:眼罩。

※ 六、教学过程

(一)课前约定(1分钟)

1. 与孩子约定:坐端正、不乱跑、举手发言。
2. 与家长约定:全程将手机设置为静音模式或关机,积极参与、大胆分享。

（二）热身活动（2分钟）

聆听并合唱歌曲《让爱住我家》。

（三）体验活动（35分钟）

体验活动一：让我牵着你的手。（5分钟）

1. 牵手进教室。

让家长站在教室外面并戴上眼罩，要求孩子将父母或祖父母从教室外扶进教室。

2. 分享感受。

采访家长：由孩子搀扶着走进教室，感受如何？

体验活动二：夸夸我家的宝贝。（10分钟）

进行分组活动。

（1）爷爷/奶奶/外公/外婆：夸夸我家的小宝贝。

5人一组，轮流分享：平时在家里谁负责哪些工作？小宝贝有哪些优点？小宝贝有没有让人操心的地方？

（2）孩子和父母：夸夸我家的老人。

孩子：爷爷/奶奶/外公/外婆，我要感谢您，因为_____。

父母：爸爸/妈妈，我要感谢您，因为_____。

集体交流：请爷爷/奶奶/外公/外婆走上台，孩子和父母分别对老人说一些感谢的话，老人给予回应。

总结：日常生活中因各种琐事的影响，我们常常忽视了对老人的感谢。我们要把感谢和爱常挂嘴边。

体验活动三：案例讨论。（10分钟）

俗话说："家有一老，如有一宝。"但在教育问题上，爸爸/妈妈很容易跟爷爷/奶奶/外公/外婆产生冲突。

案例：

爷爷/奶奶小的时候吃了很多苦，后来又含辛茹苦地把儿子抚养长大，让儿子成家立业。退了休，认为自己还能发挥作用，主动承担起带孙子/孙女的责任。爷爷/奶奶想：家里就一个宝贝，不能再让他们吃自己那时候吃过的苦了。小孙子要什么就给什么，爷爷/奶奶能帮忙做的事，绝不要小孙子动手，看着小孙子长得白白胖胖的，爷爷/奶奶心里可开心啦！爷爷/奶奶最看不惯自己的儿子和儿媳管孩子，觉得他们太严格，会轮流去阻止。爷爷说："还是个孩子嘛！大了就会好的。"奶奶干脆抱起小孙子就走，说："你们要骂要打就冲我来，别对我小孙子这样！"

讨论：家庭中如何避免出现这样的情况？怎样让父母和祖父母教育孩子时方向一致？

总结：

（1）祖父母：相信孙辈成长的能力，不大包大揽；尊重子女教育的意见，积极配合；照顾好自己的身体。

（2）父母：遵循量力而行的原则，不为难老人；明确教育是自己的责任，应该亲力亲为；多与老人沟通，分享教育新理念。

体验活动四：真实演练。（10分钟）

让学生和家长排练，看看三代人如何相处，才能让孩子获得最好的成长。

　　问题一：爸爸/妈妈平时严格禁止孩子喝饮料，有一天，孩子跟爷爷/奶奶单独外出，提出要买饮料喝。怎么办？

　　问题二：爷爷/奶奶四点半把孩子接到家，爸爸/妈妈六点下班到家。如何安排孩子的作业时间？

　　问题三：孩子因为做错事受到爸爸、妈妈的联合批评，爷爷/奶奶看到了，很心疼。怎么办？

（四）课堂小结（2分钟）

孩子承载着家庭的希望，爷爷/奶奶不易，父母更难，所有人懂得感恩，彼此尊重，相互沟通，不断学习，家一定会更加温馨。

※ 七、布置作业

1. 利用晚饭后的时间，三代人一起真诚地做一次沟通。
2. 与家人分享这堂课的心得体会。

4. 要给孩子配备手机吗

※ 一、课程背景

移动互联网时代，手机成了每个人的必需品。但对孩子而言，是否给他们配备手机，存在很大争议。教育部、国家卫生健康委员会等八部门联合印发的《综合预防儿童青少年近视实施方案》中已经明确指出：严禁学生将个人手机、平板电脑等电子产品带入课堂，带入学校的要统一进行保管。现实情况是，学生对手机有着强烈的好奇心和需求。如何化解这一矛盾呢？

※ 二、课程目标

1. 让家长意识到给孩子配备手机，对孩子的成长弊大于利。
2. 理解孩子配备手机的正常学习需要。
3. 家长学会与孩子一起事先约定管理和使用手机的办法，以及在使用手机出现问题后的应对方法。

※ 三、重点、难点

1. 重点：让家长理解孩子使用手机的正当需求。
2. 难点：让家长学会和孩子进行正确有效的沟通。

※ 四、教法、学法

问题聚焦法、辩证分析法、情景模拟法、体验感悟法。

※ 五、课程准备

PPT、铃铛、粉笔、道具书包、道具手机等。

※ 六、教学过程

（一）课前约定（1分钟）

要求家长全程将手机设置为静音模式或关机，积极参与、大胆分享。

（二）热身活动（1分钟）

家长聆听并齐唱儿歌《手机手机我问你》。

（三）体验活动（32分钟）

体验活动一：手机利弊大家谈。（12分钟）

1. 提出问题。
孩子在使用手机过程中，出现了什么问题？影响学习吗？孩子用手机主要用来干什么？
2. 分组讨论。
（1）手机的"利"。
①方便父母与孩子以及孩子间的联系。
②方便进行网上学习和完成在线作业。
③了解时事新闻。
（2）手机的"弊"。
①长时间使用手机会损害孩子的身体健康，如对眼睛和颈部造成伤害。
②容易受网上不良信息的影响。
③增加父母的负担。
④影响课堂秩序。

体验活动二：剧情演绎。（20分钟）

1. 情景介绍。
张强上课经常无精打采。班主任多次找他谈心，他未说明原因。班主任又与其家长联系后得知，张强父母平时很忙，给孩子配备了一台智能手机，用于网上作业。张强一有时间就利用手机上网打游戏，严重影响学习。
2. 家长上台表演。
一位演家长、一位演学生、一位演老师。
3. 小组讨论。
表演结束后，小组分组讨论：如果你是孩子家长，你会怎样引导孩子把兴趣转移到学习上来，改变他的行为习惯，提高学习的积极性呢？
4. 总结。
（1）在学习中给予孩子更多的鼓励，从而激励孩子，把孩子的不良行为转变为良好行为。
（2）让孩子从学习中获得快乐，转移注意力。

(3) 帮助孩子探讨他们的选择会造成的后果,而不是把后果强加给孩子。

(4) 约定使用手机的时间,并坚决执行。

(四) 课堂小结(6分钟)

帮助孩子进步,绝不能简单粗暴,要用你的爱心、耐心教育他们。少说教、少唠叨、少命令、少严管、少否定;多身教、多鼓励、多协商、多支持、多肯定。

※ 七、布置作业

把上课的体会与收获记录下来。

5. 父母如何与孩子谈论生死

※ 一、课程背景

在孩子成长过程中,家长不可避免地会与孩子讨论生死、生命的意义等话题。家长应该帮助孩子正视死亡这一生命的自然现象,解答孩子们成长过程中遇到的人生困惑,疏导负面情绪,帮助他们树立正确的人生观和价值观,建立乐观、积极的人生态度。

※ 二、课程目标

1. 让家长认识到不同年龄段的孩子对死亡有不同的理解。
2. 理解孩子的感受,给予他们心理上的支持。

※ 三、重点、难点

1. 重点:学会理性地看待生老病死的自然现象。
2. 难点:帮助孩子建立正确的生死观,培养积极的人生态度。

※ 四、教法、学法

启发反思法、情景体验法、小组合作法。

※ 五、课程准备

PPT。

※ 六、教学过程

(一) 课前约定(2分钟)

要求家长全程将手机设置为静音模式或关机,积极参与、大胆分享。

(二) 热身活动(2分钟)

家长4人一组进行分组,认真倾听每位成员的发言,每个人都积极分享自己的感受和想法。

（三）体验活动（36分钟）

体验活动一：模拟"对话"，引入主题。（10分钟）

下面是女儿小时候和外婆的一段真实的对话：

豆豆：阿婆，你有妈妈吗？

外婆：当然啦，每个人都有妈妈啊。

豆豆：那你的妈妈在哪里？

外婆：哦，我的妈妈已经很老很老了，她去天堂了。

豆豆：天堂是什么？

外婆：就是人死了，我们说去天堂了。

豆豆：你能带我去看她吗？

外婆：不能，人死了就看不到了。

豆豆：为什么死了？

外婆：因为太老了。

在中国，死亡是一个比较避讳的话题。当孩子询问死亡的话题时，家长是应回避、糊弄，还是正面回应呢？答案是显而易见的，我们应当正面引导。

讨论：孩子几岁时提出关于生命方面的问题？你们是如何向孩子解释的？

总结：我们要了解孩子的认知规律，对于年纪较小的孩子，家长向孩子解释死亡时，要用词准确，不过多解释，不欺骗，不美化死亡。对于年龄较大的孩子，要教会他们思考人生的意义。

体验活动二：生命的长度。（13分钟）

展示生命的格子。

1个格子代表一个月，70年共有840个格子。每用完一项，划掉相应的格子。

假设人的一生有70年，每天睡觉8小时，一生要睡204400小时，即8517天或23年零4个月。一天吃饭花2小时，共要花掉5年10个月。假如每年花在生病、护理的事项上为12天，70年要用掉840天，大约2年3个月。假如每天要花2小时处理生活中不得不做的家务，那么又要花掉5年10个月。此时仅剩下32年9个月。假如每天上学、上班时间为8个小时，大约要花掉21年的时间。最后只剩下11年9个月的时间可以自由支配。

总结：人的一生很长，也很短暂。生命可贵，我们要珍惜。

体验活动三：生命的宽度。（13分钟）

讨论：什么样的人生是有意义的？假如你的生命还剩10天，你最想和谁在一起？最想完成什么事情？每个小组一人负责记录，一人准备发言，一人负责计时。

著名作家毕淑敏曾经说过："人生是没有任何意义的，但是你得为之确立一个意义。"每个人都应该为自己的人生确立一个意义，为自由而活，为追求知识而活，为人类生活得更加美好而活，这些都是人生积极的意义。

总结：家长要帮助孩子树立正确的人生观。正确的人生观就像茫茫黑夜中的一座灯塔，能给迷茫的孩子指明方向，让他们勇敢前行，到达成功的彼岸。

（四）案例讨论：青春期的烦恼(10分钟)

案例：

一位平时成绩较好的女生升入一所重点寄宿制中学。开学报到当天，她最后一个到宿舍。好的床铺位置都被别人占了，她只能选择剩下的那个铺位。开学测验的时候，测试成绩很不理想。于是她加倍努力学习，但效果不太显著。舍友们都很认真，书桌前都贴着自己的学习计划和励志警句。她感到前所未有的压力，感觉同学都在背后议论她。后来，她听说学校曾经有学生因此而自杀，她也变得精神紧张起来。

讨论：假如你是故事中孩子的家长或老师，会怎么做？

总结：父母要帮助孩子走出心理困境，经常陪伴孩子，引导孩子树立正确的人生目标和理想。

※ 七、布置作业

1. 家庭讨论。

回家后，与孩子一起做一做"生命的长度"的游戏，讨论一下"生命的宽度"。为生活设立目标，列出家庭成员可以一起做的有意义的事情并付诸实施。

2. 亲子共读绘本。

借助绘本《一片叶子落下来》和《汤姆的外公去世了》，向孩子解释死亡和生命的意义。

后 记

"不积跬步,无以至千里;不积小流,无以成江海。"经过"星期八 心父母"家长学校近五年的实践,江苏省教育科学"十三五"规划重点资助课题"基于儿童心理健康成长的小学家长教育课程体系的构建与实施"的潜心研究,"江苏省品格提升工程项目"的有力推进,本书得以在涓涓的智慧细流中汇聚成册。

五年家长学校实践,积累素材;四年重点课题研究,萃集心血;两年项目推进,提高平台……学校课题组、项目组,传心揖志、潜心钻研、精心创作,行动研究的步伐有力而坚定,在创作与编写中留下了睿智的笔墨,付出了辛勤的汗水。

感谢"星期八 心父母"家长学校近百名家长讲师的倾情实践,与学校共同搭建了共育平台,形成了有效的运行机制,提供了百余节优秀的一线讲师课堂经验。本书第三章至第五章的教案原始资料,均为我校家长讲师的课堂实践教案。有了这些原始教案资料和课堂实践经验,编写组的老师们才有据可依,并据此修改、编写、校对或根据研究的深入推进。

感谢江苏省教科院宗锦莲女士、王彦明先生、张晓东先生对学校课题组的精心指导和指点迷津。

感谢江苏省教科院教授、江苏省品格提升工程指导中心负责人赵华先生,对"点亮文心:小学生积极品质培育工程"的点拨与关怀,为"星期八 心父母"家长学校这一家校共育平台提供了育人高平台。

感谢苏州市教育局处长徐洁女士、苏州工业园区教育局副局长葛虹女士、林红梅女士和苏州工业园区教师发展中心科研处主任孙春福先生,对课题组、项目组的实践研究给予的支持与帮助。

感谢苏州工业园区翰林小学校长杨春芳女士、苏州大学教育学院施英博士,对"星期八 心父母"家长学校的成立做出的贡献和在研究推动中的倾情付出与精心指导。

本书的出版,得到了苏州大学出版社的大力支持,在此表示深深的感谢。

诚然,本书不能尽显课题组、项目组的实践与研究全历程,也不能尽述我们在研究中解决问题的策略与艰辛,但它彰显了我们的课程哲学、育人理念和教育愿景。相信,借助"星期八 心父母"家长学校的实施推进,我们的文萃家长定能在提升家长育儿胜任力的历程中,找寻属于自己的教育话语;也定能在家校携手共育的守望中,为文萃儿童铺设健康幸福成长的基石。